時務の研究者 姜《カン》徳《ドク》相《サン》

在日として日本の植民地史を考える

姜徳相聞き書き刊行委員会編

三一書房

目次

第1部

少年期（植民地時代の皇国少年）

『黄金の波うつ登米平野の情趣』
父母を離れた佐沼の町で
一人わびしく堤に立つ
思ひしずみて空を眺れば
暮れんとして暮れ悩む
夕焼空の今日の日に
愁を抱いて雲は飛ぶ
かなたの岡の父母の空

（アルバムより、1945年当時、姜徳相撮影、詩も）

私が日本に来たのは、一九三四年の一二月だそうです。生まれたのが、三二年の二月一五日（戸籍上の誕生日）ですから、二歳一〇か月のときですね。その当時の記憶というのは全くありません。朝鮮語で母たちと話はしていたと思いますが、その記憶も全くないです。小学校に入る頃には、母国語、朝鮮語は完全に忘れています。家の中で母親が話す言葉はわかるのですが、話すことはできない。そういう状態だったと思います。

二歳のとき日本へ

両親が結婚したのは父（姜永元《カンヨンウォン》）が一六歳、母（方貴達《パンギダル》）は一七歳のときでした。あの頃は皆、早婚です。私は父が一八のときの息子になります。ですから一八しか歳が違いません。そういう意味では兄弟の差です。母はそのとき一九でした。

父は、私がまだ母の腹にいるときの昭和六年（一九三一年）に自分の故郷を離れたそうです。そのとき一七歳でした。小学校は一六で卒業したようですが、向学心があったんだと思います。でもその辺に進学する学校がない。唯一あったのは晋州《チンジュ》にあった農業学校、実業学校だったのですが、バスで三時間もかかるんです。下宿ができるような状況でもない。それで妻子を置いて日本に来たのです。苦学を志したんだと思います。

最初東京へ来るはずだったのが旅費が足りなくて、とりあえず京都で下りたそうです。そして京都の向日町にあった中村屋という八百屋に丁稚奉公しました。どれほど向日町にいたのか、わかりません。まあ、あんまり長くはなかったと思います。丁稚の賃金ですから大した金額ではありませんが、コツコツためてようやく東京に出て行ったということです。親父は一度何かのグループにはいって捕まって刑務所に入るんですよ。ようするに独立運動に参加した一員として捕まる。調べられて結局立件できなかったけど二か月位警察にいたと思います。僕が日本に来る前ですから昭和八年前後のことだと思います。日本に一人でいたときに友達同士で何かをやったんじゃないですか。下っ端にいて二か月くらいぶち込まれたと言っていました。もう東京に来ていたときですね。

現在麻布十番に在日韓人歴史資料館がありますね、そのすぐ近くを渋谷川が流れています。川の両側がちょうど、河岸段丘になっています。海に向かって右側、そこはかつて古川町といいました。平たいので雨が降るとたちまち洪水になるというような場所です。そこが〈屑屋部落〉でした。屑屋、今で言う廃品回収業ですね。朝鮮人がたくさんいたらしく、そこに潜り込んだと聞いています。屑屋というのは、問屋みたいなものです。〈買い子〉がいて、いろんなもの——ガラス、紙くずとか、新聞紙、ぼろきれ、まあ、いろんなものがありますが、それを買い子たちが集めて来て問屋に卸すんです。問屋ではそれを仕分けて、ガラスはガラス、鉄くずは鉄くずで、また売るという商売ですね。そこで父は買い子をやったと言っていました。昔あった「くずい、おはらい」という、あれと同じようなもんです。一、二年、一生懸命お金を貯めて、そこで商売のこつを覚えたそうです。そして父は私が二歳のときに妻と私を日本に呼び寄せたんです。

仕切り屋を始めた父

古川町には、父に「ここにいたんだよ」と連れて行ってもらったことがあります。私が最初に日本で住んだのは、渋谷区の豊分町（現在、広尾）です。豊分町にはその頃、久邇宮という皇族が住んでいて、その豪邸の石垣が前の道路の向こう側に立っていました。だから久邇宮の屋敷の南側ですね。久邇宮邸は高いところにあって、そこからちょっと一段下がった道路を挟んだところに長屋がありましたね。そこで幅二間か二間半くらいの小さな店を借りて、親父は仕切り屋を始めるんです。

　買い子が家に二、三人か、時に四、五人いました。みんな親父の故郷の人です。母親は買い子が集めてきた屑を紙、ガラス、鉄、衣類などに仕分けていました。それが小学校へ入る前の家の状況でした。

　中日戦争（一九三七〜四五年）が始まる前、二・二六事件（＊1）のときのことがかすかに記憶に残っています。警官が大勢ワーッと出て来て、街がしーんとしていました。家は麻布の連隊のそばにあったんです。何があったのかは分かりませんでしたが、非常に厳しいという感じでした。

　次に記憶にあるのは、戦争が始まったときのこと。昭和でいうと一二年（一九三七年）七月七日、「号外、号外」というのが走り回っているのを見た記憶があります。それから一二月、南京が陥落（＊2）した日、

＊1　二・二六事件
　一九三六年二月二六日、陸軍皇道派青年将校らが部隊一五〇〇人を率いて決起した軍事クーデター。天皇を中心とした国家体制を樹立することを目的に、閣僚たち九名を殺害し政府中枢部を占拠した。陸軍上層部は戒厳司令部を設置し、決起部隊に対置した。陸軍上層部の中にはクーデターに乗じて軍事政権を画策する動きもあった。三日目に天皇の奉勅命令。四日目に決起部隊は投降した。この事件以降、軍部は天皇を頂点とする軍事主義を推し進め、日本は戦争への道へ突き進んでいった。

　最近（二〇一九年）、二・二六事件に関する機密文書が見つかった。

＊2　南京陥落
　一九三七年七月七日、北京郊外の盧溝橋での衝突をきっかけ

年末だったと思いますが、提灯行列、花行列、電車に提灯をつけて花つけてお祝いをする「勝った、勝った」「万歳」、そういうことがありました。（＊3）

「シナ兵」をさせられて

その頃の思い出に幼稚園のことがあります。私は幼稚園に通っていました。それを言うと、「あの当時珍しいな」「お前金持ちか」、そういうことを言われますね。親父は屑屋なんですが、どういうわけか幼稚園に行かせてくれました。祥雲寺という有名なお寺が経営していて、祥雲寺幼稚園と言いました。黒田長政の墓があるお寺です。肝油を幼稚園で朝必ずくれたのを覚えています。

男の子の遊びは〈兵隊ごっこ〉〈戦争ごっこ〉。そのときに、僕はいつでも蒋介石（＊4）役なんです。祥雲寺は広いですよね。境内で戦争ごっこをして、私はいつも「シナ兵」役です。中国旗を持って立っていると、占領してくるんですよ。大将をやった子の名前は今でも忘れませんね。「降参か」と言われる、そういう役割をさせられました。その頃は何と

に日本軍と中国軍に戦闘が起こる。後に日中全面戦争へと拡大。中国共産党と八路軍は農村に解放区を作りながら闘うが、日本軍は一二月には南京を占領。

＊3　提灯行列
南京における大虐殺は日本国内には知らされず「南京陥落」のみ知らされ、全国の小中学校は休校とし、政府・官庁・教育界の肝いりで、全国で旗行列・提灯行列が行われた。一二月一四日、東京では昼は小学生による旗行列、夜には四〇万市民による大提灯行列が行われ、他国への侵略を祝った。

＊4　蒋介石
ショウ・カイセキ（一八八七～一九七五）
浙江省出身。一九〇七年に日本に留学、陸軍士官学校の予備校として清朝が東京に設立した

も思いませんでしたが、今考えると怒りを覚えます。「屑屋の朝鮮人野郎」ということは、周りの子どもが知っているのではなくて、親が言っていたんだと思いますね。だからその子どもが、「ちゃんころ」と言ってバカにする。「ちゃんころ」の意味は「ちゃんと殺しちゃえ」だと聞いています。

渋谷区臨川小学校に入学

渋谷川のそばにあったから川に臨む、臨川小学校と言いますが、そこに通いました。渋谷区で二番目に古い学校だそうです。

二年生のときに、もう少し広いところへということで豊分町から臨川小学校そばの渋谷・新橋一四番地に引っ越しました。その後そこは屑屋の商売が不況になったので五年生のときにたたんで、代々木に来たということでした。今度の父の仕事は運送業です。今の日本共産党本部の受付のあるところが私の家です。あそこは千駄ヶ谷四丁目六七六番。だから弟や妹は臨川小学校に入ったか入らないかの頃です。行ったとしてもわずかですね。その後、地元の明和小学校（現：鳩森小学校）に転入し

振武学堂を卒業、新潟の日本陸軍野兵連隊に一年間入隊した。孫文が結成した中国同盟会に加わり、辛亥革命が起こると帰国し活躍した。

二六年「北伐」を開始、上海クーデターで共産党排除、その後国共内戦に入る。

三一年満州事変が起きると共産党掃討を優先するが、三七年日中戦争以降国共合作に転じ、抗日戦を指導。南京を占領され重慶に逃れたが米英の支援を受け連合国の一員として戦った。だが日本との戦争が終わって再開された国共内戦に敗れ四九年、中華民国政府を率いて台湾に撤退、総統として統治した。

ました。

握りつぶしていた「父兄会」の通知

当時、相撲がずいぶん人気でした。男の子の遊びといえば相撲です。双葉山、玉錦なんていう横綱がいましたね。双葉山が全盛時代です。私は相撲は強かったんです。クラスで一番強かったと思います。腰が強かった。師範学校出たばかりの清水のぼるという先生が担任で、とにかく相撲ばかりさせた。国技と言い出したのは昭和になってからです。

小学校二年になってすぐの頃のこと、高等科一年の体のでかい奴にぶん投げられたことがありました。私はまだ体が小さいのに、容赦なくぶん投げた。このとき足を折って学校を一と月半ぐらい休みました。母親におぶわれて隣町の接骨院に行ったことを覚えています。だけど、一言のお詫びもなかったし、学校でも問題にしなかった、お前が悪いんだという、やられ損でした。今だったら大変だったと思いますけど。後で聞いたらその投げ飛ばした奴はね、「広尾の南京」と呼ばれていて悪がきの仲間だというのを聞きました。自転車のチェーンを振り回す少年暴力団のような、そういう奴でした。「南京」は、南京虫の南京だと思います。一と月半も休みますから、学校からいつも通知を持って来てくれる女の子がいました。私らの学校は一・二年は男女共学で三年になると分けるんです。二年のとき一緒のクラスだった大上すみ子さん、よく名前を覚えています。その人のお父さんは中日戦争――支那事変で戦死した遺家族でしたね。

夏になると肝試しをよくやりました。日が暮れて暗くなったとき、祥雲寺の墓地の奥に置かれたものを取りに行くというものです。これは怖かったです。

日本の中での在日差別は、制度的な差別というよりは朝鮮人は劣等民族だという、支配し、支配される、子どもの遊びにもそのまま残っていたと思います。

金達寿《キムダルス》(*5)がよく言ってましたね。お母さんと一緒に歩いていたら、石ころぶつけられて、「イーッ」と睨まれたと。同じことだと思います。私は直接やられたことはないんです。クラスではガキ大将でしたから。

三年以降のことだと思うのですが、男女別クラスになってからですよ、

*5　金達寿
キム・ダルス(一九二〇～九七)
朝鮮・慶尚南道に生まれる。一九三〇年、一〇歳のとき渡日。戦後、作家活動に入る。在日朝鮮人としての経験を基軸に、作品を通して人間とは何か、どうあるべきかを問い続けた。『後裔の街』『玄界灘』『朴達の裁判』『太白山脈』『落照』などスケールの大きい小説を発表。後半生では古代までさかのぼって、朝鮮と日本の関わりを追究し、季刊誌『日本の中の朝鮮文化』(一九六九年三月～八〇年六月、五〇号まで)を刊行。

よく「とりまき、とりまき、えっさっさ」というガキの遊びがありました。そのときに言われる囃子言葉が何かというと「朝鮮の山奥でかすかに聞こえる豚の声、ブーブーブー」、それからね、「同ジ飯食ッテトコチガウ、朝鮮、朝鮮、パカニスルナ」がありました。ガキどもの囃子言葉です。そのとき、私の同級生で四組にいた女の子は、もう小さくなっているんですね。義侠心を発揮して殴り込みでもやればいいのに、そういう勇気はなかった。

彼女の名前は金玉現《キムオクヒョン》と言うんです。韓国では「キムオク（ヒョン）」。けれどこれ日本語で読むと「金玉（きんたま）」でしょ、それでやられるんです。意地悪されて可哀想だったですよ。戦後、同窓会やったときに、あの子今どうしているかねと話したものです。私と同じ年ですから生きているかどうか、わかりません。

あの頃の思い出で忘れられないのは、弁当を持って行かなかったということです。ウチは必ずキムチが入るんですよ。母親が入れる。でもキムチを持って行くと匂うでしょ、それでワァーワァー、ワァーワァー囃したてられる。それが嫌だから弁当を持って行かない。それで昼前、家に食べに帰っていました。

もう一つは、母親を絶対に学校に寄こさせなかったこと。あの頃は「父兄会」と言いましたが、その通知を先生が私に持たせて「お母さんに届けろ」と言うでしょ。それは握りつぶしちゃう。毎年遠足があるんです。あの頃はたいがい、「父兄」同伴でした。それで一緒に写真を撮るんです。遠足のときの写真が何枚か残っていますが、私は両親どちらも写真に写っていません。母親が学校に出て来たことはありません。私が通知を握りつぶしちゃうからです。母親には来てほしくない、そういうことです。町では逃げる、母親が来るのを見かけると。母親にはとても済まなかったです。そういうことがたくさんありました。

創氏改名

「創氏改名」（＊6）の話をしましょう。小学校三年生のときのことです。創氏改名は朝鮮の中で行われただけじゃなくて、日本にも指示が来ていて、区役所でその手続きがなされたと思います。あれはたぶん二月一一日から八月一一日の六か月間でしたね。

＊6　創氏改名
一九四〇年、皇民化政策の一つとして行われた。「創氏改名」は「創氏」と「改名」に分かれている。創氏の真の狙いを水野直樹は次のように述べている。「朝鮮的な家族制度、特に父系血統にもとづく宗族集団の力を弱め、日本的なイエ制度を導入して天皇への忠誠心を植え付けることである。……朝鮮人を『血族中心主義』から脱却させて『天皇を中心とする国体』の観念、『皇室中心主義』を植え付けること――これが創氏の真の狙いだったのである」（水野直樹『創氏改名―日本の朝鮮支配の中で』）

昭和一五（一九四〇）年九月の二学期が始まった日のことです。担任は光成先生という方でした。沖縄の出身で空手の達人、でも生徒のことは絶対にぶん殴りませんでした。「空手で俺が殴ったら、お前たち死んじゃうぞ」、そういう方でした。その先生が二学期の初めに「ちょっと来い。教壇に立て」と私に言うんです。そして、「きょう（姜）君は」――私はそれまで「きょう」と名乗っていました。「きょう君は、今日から神農（しんのう）と変わる」と。そして、私の名前を黒板に「神農」と書きました。「しんのう　とくそう（神農徳相）だから、みんなはそう呼ぶように」と。

そのときは何のことか分からなかった。後で創氏改名と分かったんです。友だちは「お前、養子に行ったのか？」と聞く。そういうことが一九四〇年――昭和一五年の九月にあったということです。

私のところにいる姜家の一族は全部「神農」。「かんのう」と読む人もいるし、「しんのう」と読む人もいる。これは理由があるんです。もともと姜家というのは中国からの渡来民です。中国古代に三帝王がいますね、伏羲（ふくぎ）、神農（しんのう）、燧人（すいじん）です。神農は農業の神様です。薬の神様。この人の姓が姜なんです。中国での「jiang」。中国にもこの姓はたくさんありますよ。一番有名なのは釣りの名人、太公望。太公望は姜です。姜太公。そしてその流れが朝鮮半島に来た。だから先祖をたどれば神農、要するに昔の中国の皇帝だった。

そういうことで、私の一族の姜は、全部同じです。創氏改名して神農を名字とした人はたくさんいますよ。同じだったら、親族だといって握手しますよ。

もう一つ神田というのがいます。あれは、姜だから「かんだ」なんです。創氏改名を皮肉って「かんだ」とつけたのも多いです。これは本貫(＊7)が違います。また一つ大山というのもあります。これはこの本貫が晋州というところで、韓国で一番高い山、智異山に因んで大山にしました。そういう名前をつけています。

韓(ハン)さんの場合は、西原、清原というのが多いです「清州韓氏」。創氏改名だからってみなでたらめにつけていたんじゃなくて、それぞれの本貫の名前をつけているものが多い。

金というのは光山。金本も多いけど、金田も。張本は張。これはもう

＊7 本貫
朝鮮の親族集団の核は男系の血族集団であり、その男系血縁系統を表示する「姓」と、一族の始祖の発祥地名を表示する「本」(本貫、貫籍)とで標章される。「姓」「本」を組み合わせ、広い意味での「姓」としている。

簡単につけたやつで、由来を元にやっているのもかなりあります。私のおふくろは方（パン）。これは山をつけて「まさやま」と改名しました。

創氏改名以降、私は「神農」という名前に変わるんです。ついでに言うと、私には四つの名前があるんです。最初、親父は「中村屋」という八百屋にいたので、屑屋の屋号を「中村」としました。そして、親父は改名して「中村元一」となりました。私は「中村屋」の息子で「中村」と言われました。だから私のことを「中村」という奴もまだいます。

それが小学校に入って「姜《きょう》」になって三年で「神農《しんのう》」になって、それから大学の終わりくらいまで「神農」で過ごすんです。その後「姜《きょう》」と本名宣言したのですが、崔昌華（＊8）に刺激されて、日本の音読みで「きょう」とするのではなく、「カン」だと言うようになったのです。

ですからいくつもの名前を持って、この世を渡ったという、ある面で波乱万丈ですよね。創氏改名は「皇国臣民」というものを植え付ける最初の刻印だったと思うんです。だからなるべく「本名は神農」でいたいと思っていました。中学に入ると「徳相《とくそう》」はいかにも日本にはない名前

＊8　崔昌華
チォエ・チャンホァ（一九三〇～九五）
朝鮮・平安北道宣川邑南山洞に生まれる。日本の植民地支配と朝鮮戦争下で激動の少年、青年時代を送る。一九五四年、釜山から渡日。参政権運動、指紋押捺拒否運動、人格権訴訟（姓名民族語音読みを求めてNHK訴訟）など在日韓国人・朝鮮人の人権獲得のために実践した牧師。主な著書『金嬉老事件と少数民族』『国籍と人権』『名前と人権』『パパをかえして』。

ですよね。それで自分で「さとし」という名前にして「神農智《しんのうさとし》」、さとしは「智恵」の「智」です。これが高校時代から大学までの通名でした。それが日本での私の青春の始まりまでの名前だったということです。

「日本がいかに差別社会か」ということは、このことひとつとってみてもわかります。一人の朝鮮人が四回も名前を変えさせられた事実。自分でやりたいと思ってやったわけじゃない。自分を隠したいということからです。そんなことが私の前半史にあります。そのまま日本人になっていっちゃう人もいる訳ですよ。だけどぼくは途中で「これは違うぞ」と気づいて自分を取り戻すことができた。だから日本に対する批判的な感情がより強くなったのだと思います。

よく「お前、日本批判、強すぎるぞ」と言われます。在日の友だちからも言われます。だけど私自身はそういうことを強いた日本社会を許せない。他の人が気がつかないことに気づいているんで、言い方が強くなる。

まあ、そんなことが小学校の思い出です。とにかく、ガキどもの「とりまき、とりまき」「同ジ飯クッテ　トコチガウ」、このことは忘れない。

日本のヤクザ映画なんか見てると同じようなことをいう奴がいますね。朝鮮訛りの言語を使う。あれは「朝鮮訛り」とすぐわかる。そういうことが子どもの頃の思い出で、「朝鮮」というものについて、一つもいい思い出がありません。

祖父の葬儀で父の故郷へ

小学校五年生のとき、祖父が亡くなりました。お祖父さんは六一歳で還暦のお祝いをした後のことでした。一九四二年の年末です。

危篤という知らせを受けて私と父親が一と月半くらい本家へ帰りました。そのときの故郷の思い出が鮮烈に残っています。

下関まで、ものすごく長い旅だった気がします。急行で二十何時間ですかね。中国地方のほうに行くと山の形が違ってきますね。土質も違ってきている感じがした。木の植わり方も違う。山は低いし土質がむき出しで土の色も違う。近畿地方から広島、山口に行くとね、そういう感じがして、「ああ違うんだな」という思いがしました。

下関から関釜連絡船の「金剛丸」という船に乗りました。後にこの船は沈没しましたけどね。八千トンくらいあったと思います。この船の一番下の四等席、船底です。そこに寝っころがるような恰好でいたと思います。朝早く、午前四時か五時頃に着くんです。税関の役人やなんかが起きる頃まで、船の中にいましたね。八時か九時頃になって並んで出るんですが、日本人と朝鮮人では出口が違っていました。調べる役人がいて、朝鮮人はいろいろ調べられるから遅くなります。

　釜山の港で列車待ちをしました。そのとき列車の待ち合わせに二時間も三時間もかかったと思います。このときの光景で忘れられないのは待合室に乞食――「ムンジー」と呼ばれる人が多かったことです。「ムンジー」とはハンセン病（＊9）患者のことです。ハンセン病施設に収容されていない人々です。列車待ちの乗客の所にすり寄って来るんですね。膿がいっぱいあるでしょ。金をくれないと、その膿をこすりつけに来る。荷物にね。そういうことを見ました。そんな人がうようよいるんだと。これは驚きでしたね。これも日本にはない情景でした。

　父の故郷は釜山からさらに西のほうに汽車に乗って五、六時間かかりました。当時汽車が遅かったせいかもしれません。晋州《チンジュ》という、豊臣秀

＊9　ハンセン病

　一九一六年ハンセン病療養所である「小鹿島《ソロクト》慈恵医院」設立。二九年時の在園患者数は七四〇名。三三年二月ハンセン病患者の一斉調査を実施、患者数一二二六九人の内、放浪患者が二四六一人に達したため予防協会は収容予定を三〇〇〇人に増やした。三四年「小鹿島慈恵医院」は「朝鮮総督府小鹿島更生園」と名称変更。日本の「癩予防法」と呼応する形で三五年「朝鮮癩予防令」公布。小鹿島では植民地で実施されている皇民化政策と強制労働政策が強行された。

吉の戦争のとき、大きな戦いがあった所です。朝鮮の妓生《キーセン》が自身の身を犠牲にして日本の武将に抱きついて川に飛び込んだといわれる逸話がある所です。そこが終点です。そこへ行くまでの景色は日本とずいぶん違っているように思えました。日本は山脈です。私の乗った慶尚南道線――この列車の通るところは山がぽこんぽこんと独立しているんです。独立峰でした。そして、禿山が多かった。さらに、洛東江という川を渡るんですが、この川の幅の大きさは日本の川にはない、でかい川だという気がしました。

晋州駅に降りたときの印象は何か馬糞臭いというか、砂ぼこりが立つような町というものでした。そこを刑務所の服を着た人たちが清掃してました。それを見て、囚人服というものがあるんだということも知りました。晋州は慶尚南道で釜山の次に大きな町ですが、さびれた田舎町という印象です。バスに乗って三時間くらい、智異山《チリさん》の山裾を南江という川に沿って上っていくんですが、バスを降りて家まではまたさらに三〇分くらい歩いたでしょうか。田んぼ道でね、小さい小川に沿って田んぼ道があり、そこを歩いて行ったのを覚えています。着くと四、五〇戸あるんだろうか、藁ぶきの朝鮮式の家がかたまっている集落がありました。日本の家に比べると小さい、背が低いですね。オンドルを使うので背が低くなるんだと後から聞きましたけどね。トイレは外に作られている。下が豚小屋で上から排泄するようになっています。下にいる豚がその人糞を食べる、そういう式のものでちょっとびっくりしました。まだ電気は入っていませんでした。夜は壺の中に油を入れて芯をのせたランプみたいなものを使いました。種油みたいなもの、それがチョロチョロ燃えているものでした。それとまだ小さい子どもは庭でうんこをするときがあるんです。そうすると犬が来てそれを食べていました。「おーい、おーい」と呼ぶんです。そうすると犬がふっと来て食べる。まだまだこんな風習が残っていました。父の実家は母屋があって牛小屋があって豚小屋があるという形でした。じいさん、ばあさんの部屋、そこが母屋で、炊き場、台所もついています。それとは別にもう一つ牛小屋があってその隣に息子たちが寝る部屋がありました。私の母の実家はそこからあまり離れていない同じ部落の中にありました。どっちかといえば母親の家のほうが格が上でしたね。もっと立派な家のようでした。

故郷の村（慶尚南道咸陽郡水東面、一九七〇年代後半）

このとき父親と祖母に連れられて市場へ行きました。そこには日本にない風景がありました。魚屋、肉屋、布地……、何から何まで売る人たちが来て、そこで売ったり買ったり。そういう市場があって、それがあちこちの町で、今日はここの町、明日はあそこでと、移るんですね。一週間に一回ずつくらい回ってくる、そういう制度でしたね。

祖父が亡くなったのは一二月二〇日か三〇日だったと思います。棺桶を六人から八人で抱えて墓まで行くんですが、そのお棺を飾る花がものすごくきれいなんです。日本ではそういうことをしませんよね。要するにお棺の飾りを非常に華やかにして送る。お棺は家族は持たないのです。親父は長男ですから一番先頭を歩いて、そのあとに長男の私、兄弟、親戚、これがずっと続きます。お祖母さんはお棺が家を出るときに何か皿みたいなものをパーンと割りました。お祖母さんはお墓には行きません。子や孫たちが付いて行くんです。非常に面白いのは、父親と私、兄弟、叔父さんたち、この男たちは全員竹の杖を持ちます。それから私の叔母たち、女ですね、お祖父さんから見れば娘です。これは柳の杖。これは意味があるんです。竹は根でつながっている。だから一族、男系です。

父方の実家

母方の実家

柳はどこでも根付く。そういうことなんですね。私たちの後には泣き女というのがくっついてワーワー涙を流す姿を見せます。悲しみをそうやって表現するというやり方です。近所の人もみな来ました。こうしてかなりの列となって続きます。お墓の場所にきたらそこを掘って棺を埋め、土を盛り丸くします、土饅頭です。そして芝を植える。これを部落の人たちみんなでやりますが、家族はやらないんです。このとき、部落の人たちが盛った土を踏んで固めました。これをきちっとやらないと、あの頃は狼や山犬がいっぱいいて、後で掘り返されて食べられてしまうそうです。歌は忘れましたけどね、歌いながらぐるぐる回って土を踏んで終わる。だからかなり時間がかかりましたね。部落あげてやるものでした。そしてそれからが大変なんです。その人たちが三、四日どんちゃん騒ぎです。だから葬式一回やると財産がなくなるといわれました。そのとき、どこで聞いてくるのか分かりませんけど、釜山の港で見た「ムンジー」たちもブワーと来る。彼らにも全部振舞うわけね、そういう葬式でした。その頃はまだそれが残っていました。私は向こうに行ってみて日本とずいぶん違うなということを感じました。

一と月半くらい父の実家にいたんですが、米の供出を見ました。ひどいもんです。巡査三、四人と面の役人が来るんです。やって来て、庭中を尖っている鉄の棒で突くんです。地面の下に隠していないか、埋めていないかと。これは強制供出。昭和で言うと一八年か一九年、もう食料がなくなるときです。よく言われてますよね、当時の供出がすごかったと。その現場でした。巡査がついて来て家中引っ掻き回した。はっきり覚えています。後で大きくなって、あれがその強制供出の現場だったんだと分かりました。

憲兵につかまる

父の家は農家です。もともとは慶尚南道の一番南の海沿い近くの鎮海《チネ》付近にいたのですが、お祖父さんの代に咸陽《ハミャン》という山のほうに来ました。そこで百姓をしていたかどうかは知りませんが、そこに先祖の墓がいっぱいあるし親戚もいっぱいいいます。祖父はそこで何らかの形で没落したんだと思います。土地を取られて行くところがなくて咸陽に来た。爺さんはあの頃三〇歳で結婚しているんです。あの頃の三〇というのはものすごい晩婚なんです、要するに破産して結婚できなかった。当時、鎮海のあたりというのは日本の軍港でしょ、日露戦争に備えて日本はあの辺の土地をロシアと競合して土地を買い占めるのです。そのときに何か博打でもして土地を取られちゃったんではないかと思います。それで流れて山のほうまで来た。だから三〇まで結婚できなかった。そういうことだったと思います。

私は長男ですから親父に「お前の先祖の墓はここだぞ、覚えておけ」と言われました。昌原の一つ手前に中里という駅があるんです。その駅の近くだったと思います。その付近で「これが誰々の墓だからよく覚えておけ」と言われて墓参りしました。

もう一つ帰りに寄った所は鎮海湾の牛島《ウド》という島です。その島にお祖父さんの姉さんがいました。そこにも行きました。島に行くのに定期船がないものだから島の見える丘の上で「おーい」と島に向かって旗を振って叫ぶんです。そうすると島から船が出てきてそれに乗るという牧歌的な感じでした。そこで一泊か二泊したのを覚えています。中里というところは金達寿の故郷なんです。そのことを書いていますね。それと姜《カン》尚中《サンジュン》もそうなんです。私の本名、戸籍に載っているのは姜尚圭《カンサンギュ》なんです。朝鮮の名前の付け方は五行説。あるいは一、二、三、四、五、六という順番で、たとえば「日」が付く字を使うときにはいとこ同士ではみんな同じ字を使って横に並ぶので世代がわかるんです。同世代は同じ漢字を使うんです。姜尚中の同じ世代とどこかでつながっているかもしれません。

あと中里での思い出は、鎮海の駅前でのことです。ここは軍港ですから厳戒地域でした。親父に「親戚の家を回ってくるからお前はここで待ってろ」と言われて立っていたのですが、そこで憲兵につかまってしまったんです。「どこへ行くんだ」と聞かれ「日本へ行きます」と答えると「証明書を持っているか」と。私が「父親について来ただけだから証明書は親父が持っていて僕は持っていません」と言うと、そのまま警察に連れて行かれちゃった。そのあと駅前に戻ってきた親父が「(息子が)いない、いない」と大騒ぎになったんです。警察に連れて行かれたと聞いて、もらいに来てくれました。そのとき警察が私を解放したのは鞄の中に日本の教科書があったからなんです。それは朝鮮では使わない教科書で、朝鮮総督府で使わせていた教科書とは違っていた。だからこれは日本から親について来たんだと分かったというわけです。それでも一〇時間かそこら親父と離されていましたから怖かったですよ。この体験が私の根っこにあるかもしれません。こういうことが故郷へ行って感じたことや体験したことです。だから東京にいていじめられることと、現地に行って見たことと、やっぱりいろいろ考えると違うということです。

模範的な皇国少年に

こういうことからその頃の日本の朝鮮支配がどうであったかよくわかると思います。朝鮮人を一人の人間として見ていないということだと思います。そして同時に朝鮮人も表向きは皇民化政策で皇国臣民です。一生懸命聖戦完遂、天皇に対する尊敬、これはやっぱり表面的にはそうせざるを得ない。

だから僕はある面で二つの面を持っている感じがする。内面は朝鮮人の心を持ちながら日本に忠誠を尽くしている。だから早くこの朝鮮人の心から脱しなければいかんと思う。自分の中から朝鮮を吹っ切って、要するに本当の皇国皇民を示さなければと思うようになり日本人になろうと努力しました。私はクラスの中では威張っていたほうですけど、クラスの連中に対しても皇民化、要するに天皇に忠誠を尽くせ、聖戦完遂ということについては猛烈な少年だったと思います。

こんなことがありました。あの頃は小学校に集団登校していました。一番年長の六年生が先頭に立って隊列を作り学校へ行くんです。学校に着いたらまず天皇を祀った祠の奉安殿の前でお辞儀をする。最敬礼してそれからそれぞれの教室に入っていく。僕はその大将で、いつも先頭の右に立っていました。あるとき「最敬礼」というときに広沢虎造の浪花節を歌ったやつがいる。阿久沢勲という人です。それで「ふざけんな、このやろう、ここをどこだと思っているんだ」と言ってビンタをパーンと張ったんです。

彼はそれをずっと覚えていてね、「お前、あのときすごかったな」と同窓会で言われたことありましたね。だから親父が太平洋戦争が始まった日に「日本はくそくらえだ」と私に朝鮮語で言ったときに、私はなんで親父はこんなことを言うのかと、ほんと、腹が立った。親父はやけに蒋介石が好きなんです。蒋介石の悪口言うなという。私はそれに反発していたと思います。

その頃うちは屑屋をやっていたでしょう。親父は警官とうんと仲が良かったんですよ。しょっちゅう警官が来てました。警察沙汰になる事件がいっぱいあるわけですね。買い子がマンホールの蓋を持って来たこともありました。親父は何でも引き取らなければならないから、それを受け取りました。そこへ警官がやって来て、これは無断で持ち去った物だと、マンホールの蓋を押収していきます。そんなことで警官と友好関係を作っていないと、大変なことになりかねないのです。

警官はよくうちに来ておやじと一緒に飲んでいましたよ。その中に森喜徳という巡査の一番下っ端の人がいて、親父とは本当に親友になっていました。その人が親父と一緒に関東大震災の話をしていたのをよく覚えています。「あのときはひどかったなあ」と言ってました。その人の長男が森智《もりさとし》というんです。智恵の智。私は自分の通称名のとき、この名前をもらったんです。私より一つ年が上の人でした。親父は警察を大事にしていましたが、それはここで生きるためにはそうせざるを得なかったからだと思います。

とにかく私は子どものときは模範的な皇国少年でした。「我れ皇国少年なり」です。表向きはね、それがころっと変わるのは日本の敗戦――一九四五年八月一五日以降のことです。これはおかしいぞと思うようになったのです。中学二年になっていました。

協和会の役割

協和会（＊10）では、日本政府にあまり反抗しない、日本からみた「良民」が会長になる。警察署長や警察の幹部がずらっと並んで、その下で働く人間が後ろに立っているという写真がかなり残っています。神棚を祀り天皇皇后の写真を貼っているかどうかを監視するのです。毎月八日だとか、そういう決められた日に神社参拝。これが一番うるさかった。神社参拝は毎回来ているかどうか点検する。来ていないとおかしいぞと特高（特別高等警察）が入ってくる、そういう制度が協和会です。朝鮮人の会長はいるんですが、一番偉いのはその地区の警察署長です。協和会手帳というものを常時携帯することが強要されて、（神社参拝に）参加し

＊10　協和会
植民地時代、日本にいる朝鮮人全てを会員にした組織。朝鮮人に創氏改名、和服の着用、神社参拝、国防献金、勤労奉仕、日本語学習などを強制する機関だった。県単位に支部が組織され、事務所は治安を担当する特別高等警察課内に設けられ、会員は「協和会員章」（手帳）を持つことが義務付けられた。

たかしないか、書き込むんです。手帳には家族全員の写真を貼って、出席したかどうか全部チェックしてある。出席が悪いと思想が悪いとなる。しかも協和会手帳は持っていないと日本に住めないものでした。

小学生のときのことです。〈禊《みそぎ》の会〉というのがありました。皇国臣民化するためには禊をして、心も体も洗い流さなきゃいけない。寒いときに入る。父が行けないときに、代わりに行ったことがありました。その家から必ず一人出さなきゃいけないというのでね、行かされたことがありました。

もう一つ、協和会の女性部会というのがある。これがまたひどい。和服を着せられる。郷に入れば郷に従え、朝鮮の服を着るな。正座をさせられる。こういうことを日本の礼儀だといってやらせられるわけ。母親がいつもこぼしていたのは、日本の着物を着ると「寒くてしょうがない」ということでした。それに正座して膝をつくのは、朝鮮では怒られたとき、叱られたときにやることであって、あんなことをやらせられるのはとんでもない話だと、いつも怒っていました。朝鮮語を使っちゃいけない、奪っただけではなくて、風習まで、食べ物まで干渉をするわけです。

日本食はこういうふうに作るんだ、料理の仕方まで教える講習会。これが協和会組織です。つまり皇民化というのはそういう形で強要される。これは在日にとっては忘れることのできないことです。日本の町内会でも神社参拝とかありましたが、それ以上ですね。私らの住む所では、氷川神社というのがあって、そこの清掃をやる。忠誠を誓う証拠としてやるわけです。

ただし家の中では先祖の法事――祭祀《チェサ》はやっていました。そこまで禁止はできなかったと思いますね。ただ、天皇の写真は必ずなければ駄目です。ないと、おかしいぞということになる。それを皮肉って朝鮮語でなんとかかと言っていましたね、忘れましたけど。

教育勅語

教育勅語（＊11）は校長室にあったと思います。紫の帛紗に包まれたのを校長が恭しく持ってきて、石段の上で「朕惟フニ……」と読む。私ら、首を垂れて聞いている。ほんとにばかばかしい。毎月八日。

一九四一年一二月八日に戦争が始まる。それから大詔奉戴日《たいしょうほうたいび》という

＊11　教育勅語
一八九〇年、教育勅語が発布。当時の総理大臣山縣有朋の主導のもと、法務官僚の井上毅によって起草され、自由民権運動を抑えるため作られた。教育によって日本の精神を叩き込み、政府への反抗を防ごうとした。祝祭日に子どもたちは登校し、儀式に参加することが義務付けられた。校長が教育勅語を読み上げる間、天皇の言葉であるため子どもたちはお辞儀をさせられた。

のが決まって、毎月八日には必ずこれをやらされることになりました。それから「青少年学徒ニハ賜リタル勅語」というのがあります。これまた長ったらしい。これは昭和一五（一九四〇）年ぐらいにできたものです。教育勅語より、もっと長いです。私らは中学のときには全部暗記させられました。

ドーリットル空襲

空襲で追われてきた頃、敗戦ということまでは意識しなかったけれど、これはひどくなってきて変だなということは思いました。代々木新町（現在のＪＲ新宿駅付近から本町一丁目交差点付近）にも爆弾が落ちたし、原宿にも落ちました。ドーリットル空襲（＊12）です。一九四二年の四月か五月です。新町では爆弾が医者の家に落ちて、家族全部犠牲になったそうです。注射針とか散らばっているのを拾ってきて、蛙に尻から空気入れてお腹を膨らませて遊んでいたのを覚えています。小学生のときです。原宿の東郷神社に大きな池がありますが、あれは爆弾の落ちた跡です。あのドーリットル空襲のときの爆弾です。それで日本はたいへんだ

＊12　ドーリットル空襲
一九四一年一二月八日の真珠湾攻撃以来、日本軍は太平洋戦域では快進撃を続けた。これに対し米国軍部は日本本土への空襲を企てた。四二年四月一八日、B25爆撃機一六機が米海軍所属の空母ホーネットより発進し、日本本土への空襲を実施、「帝都・東京」への最初の爆撃は荒川区尾久であった。「ドーリットル空襲」の名称は、爆撃機隊の指揮官であったドーリットル中佐に由来する。

と、政府は感じたようですよ、そこまで来ちゃったと。

私たち子どもは蛙に注射して遊んでいましたが、この頃東京にいてこうした空襲を見た呂運亨（＊13）は、日本の敗戦を確信して、建国同盟の結成に着手するのです。

都立多摩中学入学の経緯

私が中学生になったのは一九四四年です。あの頃都立でも朝鮮人には差別がありました。担任の先生がそれを知っていたんです。それで勝手に、私の本籍を朝鮮ではなく居住地渋谷の千駄ヶ谷四ノ七四六番地にしたんです。志望校は、第一志望、第二志望と決めることができたので、私は第一志望を一五中、第二を多摩中にしました。このとき多摩中学（＊14）に廻されて合格しました。口頭試問のとき「飛行機は何で飛ぶんだ」ということを聞かれ、「プロペラで風を起こして羽根で受けるんですよ」と答えたのを覚えています。

ところが入学してすぐのことです。今度は戸籍謄本を持ってこいということになった。本籍は朝鮮でしょ、そもそも朝鮮人は日本に本籍を移

＊13　呂運亨
ヨ・ウニョン（一八八六〜一九四七）
一九一四年に中国へ亡命、南京の金陵大学英文科で学ぶ。一八年上海で新韓青年党を組織。一九年上海で樹立された大韓民国臨時政府に参加。二二年には極東諸民族大会に出席。三〇年上海で逮捕され朝鮮で三年服役し、出獄後は言論活動を中心に活動。三三年朝鮮中央日報社の社長に就任。四四年建国同盟を秘かに結成。四五年八月一五日、安在鴻などとともに朝鮮建国準備委員会を立ち上げ、九月には朝鮮人民共和国を樹立。四七年ソウルからの移動中、白衣社の李弼炯ら五人によって狙撃、暗殺される。号は「夢陽」。

＊14　都立多摩中学
一九四三年七月一日、市立多摩中学校（渋谷商業学校内に四

せない。それで問題になった。担任の先生と小学校の校長先生とうちの親父が説明に行って、「単純なミスだった」と言った。結局「合格した者を落とすのは教育上よくないからこのまま認める」ということで問題にならず、その代わり親父も担任の先生も校長の林先生も始末書をとられました。これは本当の話です。このことは親父からも聞きました。担任の先生も、ずっと同窓会に出席していましたから、「いや、あのときはこうだったんだよ」と話してくれました。私立は特にひどかったらしいが、都立もそうだった。朝鮮人の子どもは高等教育を受けさせないということです。私立は全然受け付けない。

担任は中川世務《せいむ》といって、私には非常に良くしてくれました。この先生は奄美大島の出身だと言っていました。鹿児島師範(＊15)卒業です。学生の頃、鹿児島の人が沖縄、奄美を差別するということがたくさんあったようです。だから、「お前は差別に負けずに、頭で勝て」と私にそう言った先生です。百歳ぐらいまで生きたけれど、もう亡くなりました。親父とも仲がよかった先生です。この先生は私が東京大学の東洋文化の研究員になったときに喜んでくれてね、「お前、東大教授になったんだ」

二年二月六日設立）は東京都立多摩中学校に改称。

＊15　鹿児島師範　鹿児島県師範学校。現在は鹿児島大学教育学部。

と。手紙が今も残っています。

　多摩中学は戦時中にできたにわか作りの学校で、運動場だけあって校舎がありませんでした。軍人養成のための全寮制の学校で、クラスは二クラス。四二年設立で私らは三期生です。一年のとき、四年、五年生がいませんから三年が最上級でした。

　戦争中、学生は一年か二年で幼年学校（陸軍幼年学校）か海兵（海軍兵学校）に行くんですよ。彼らは制服を着て中学へ来ていばっていました。町にいる兵隊は幼年学校の生徒を見ると、たちまち立ち止まって敬礼してましたよ。一等兵よりは幼年学校の生徒のほうが階級が上だったからです。海兵の制服は格好良かったね。

宮城県に疎開

　空襲がどんどんひどくなってきて、四五年三月、東北本線瀬峯駅から軽便鉄道で佐沼駅――元吉郡柳津町に住む父の友人、柳民秀《ユミンス》を頼って疎開することになりました。柳さんは柔道の猛者でした。

　中学二年の初めから三年の六月まで登米市の佐沼中学（＊16）に在籍し

＊16　佐沼中学校
　宮城県登米市迫町。現在は宮城県佐沼高等学校。

ます。疎開組が一クラスありました。名古屋、大阪、樺太からも来ていました。級友に、星恒雄、加瀬谷修、安原などがいて、星と加瀬谷は戦後も付き合いがありました。柳さん宅は学校から遠いので、一か月くらいで学校近くの阿部さん宅に移り、二階に下宿しました。同宿に、京都の志津川から来ていた佐々木清松、佐藤正行、西谷がいた。阿部さんには、五年生の陸郎と卒業生の兄さんがいました。北上川の堤防が懐かしいです。

自転車で陸前高田の芋峠まで行き、佳景山駅から柳津まで石巻女川行きの木炭バスに乗る。坂道は下車してバスの尻押しです。

佳景山駅で小学校の同級生の氏家に会いましたね。小牛田駅では多摩中の数学の金本先生に会いました。

佐沼中学の担任は色川先生、国語教師の菊池先生、訛りの強い千葉先生、柔道の熱海先生が記憶にあります。

その頃の学校生活は、来るべき本土決戦に備え「切り込み隊」の剣術、棒振り指南、塹壕や障壁を飛び越える訓練、塩田の塩汲みや開墾作業への動員の連日でした。いつも腹ペコでの作業でした。下宿の食事はおかゆ盛り切りいっぱいだけでした。四人の下宿生がどんぶりの盛りの良し悪しをめざとく見つけて席を取るというあさましさでした。秋になると稲が実ります。その穂をむしり取って生米を口に入れて食べたり、リンゴ園に同じ下宿の安原君と出かけて行って、リンゴを失敬することもやりましたね。それほどひもじかったんです。

第2部

青年期（民族を失った在日の苦悩）

高校時代から書き続けてきた日記（一部）

私の八・一五

夏のさかりになると米艦隊の釜石艦砲射撃があり、ロッキードやグラマンという艦載機が飛んできては低空飛行で機銃射撃を繰り返しました。そのときは白鳥の飛来地で有名な伊豆沼、長沼周辺の開墾に動員されていました。夏休みは返上して開墾に出ていたのです。伊豆沼周辺は低い丘陵地帯で灌木が群生していました。ノコギリ、ナタで木を切り倒し、ツルハシで切り株をおこし、鋤や鍬を入れるのです。そんなときに機銃掃射があると身を守れないので、自分たちの身を守る防空壕掘りもしました。道具と言えばスコップだけのタコ壺掘りも開墾におとらない単純で力のいる作業でした。空腹と闘いながら僕らの一九四五年八月前半でした。

八月一五日の朝礼のときです。引率教師が「正午に重大放送があるから麓の農家に集結せよ」と命じました。

正午、我々は農家のラジオの前に全員集合しました。そしてみんな揃ってラジオに向かって最敬礼をしました。私の「天皇礼拝」はこのときが最後です。

放送が始まりました。みんな首を垂れて文字通り一生懸命謹聴、拝聴しました。しかし、聞こえてくるのは雑音ばかり、その中で「あの人」の独特な抑揚をもつ日本語らしきものがいくつか分かっただけでした。あのとき「玉音放送」の内容、意味がわかった生徒は誰もいなかったでしょう。

私は何がなんだかわからなかったけれど、動員作業から解放された喜びで、二〇㎞ある砂利道を自転車で下宿に帰りました。八月の暑い午後の陽射しの中を砂埃の道だけがとても黄色っぽかったのを覚えています。

下宿に着くとそこは一転して愁嘆場でした。みんな地を叩いて泣き、天を仰いでは叫んでいました。私はただ茫然としてその光景を眺めているだけでした。愁嘆に同調する気分ではなかったということは確かでした。

私はとにかく下宿から家に帰ることにしました。家は砂浜と松林が美しい陸前高田にありました。その町の木山文吉という同胞宅の離れを借りていたのです。高田の駅に着いたのは八月一六日の夜の八時ごろだっ

姜徳相　向かって左端、一九四五年
疎開先にて

たと思います。町は静まり返っていました。広い真っ暗な通りを過ぎて家にたどり着くとどうでしょう、窓は煌々と輝いているではありませんか。そこだけが地図から切り取られているような感じでした。人々の笑い声、喜びに弾む声がもれて聞こえてきます。家に入るとこの町の同胞たちが集まって酒盛りをしています。そこはあたり一帯とは違う喧騒の場であったのです。抑えられていたものが一度にごうごうと音を立てて吹き出しているようでした。

私はそこで初めて太極旗を見ました。というより作っているのを見たのです。今まで敬礼していた日の丸から、太極旗を作っていたのです。今思うと日の丸の否定から始まった太極旗への過程には奪われたものを取り返す自己回復があったのでしょう。

家に帰ってきた私に父は「君はいい時代に生まれた」と言ってくれました。新しい祖国の建設に参加できるという意味で言ったのでしょう。

それからまもなく多くの朝鮮人同胞は帰国に向けて慌ただしい日々が続きました。父の友人の誰それが帰国したとか、途中で遭難したとかという話が次々に伝わってきました。列車も西へ西へと同胞の帰国列車が走って行きました。その頃同胞との会話で初めて母国語で話しました。このときが初めてだったと記憶しています。

我が家の父は、こういう状況の中でも商売のことを考えていたんですね。東京では食糧難で苦しんでいる人たちが沢山いる。でもここは魚が沢山漁れる。魚の加工品、つまり生はダメだけれど干魚などを船で運んで東京で売ろうと、五〇トンの船「太陽丸」をチャーターして運んだんですね。

太極旗の発見、母国語の使用、私は心のどこかに民族への回帰が始まっていましたが、目標を失った皇国少年の虚無感はなおしばらく続いていきましたね。

教科書墨塗の経験は、国史の教科書が全部取り上げになったのでなかったです。新聞紙くらいの大きい紙を折って仮の教科書のようにしたのを使ったのを覚えています。あれを取っておけば今大変な価値があるでしょう。戦争が終わってなくなったのは、柔道、剣道。僕は柔道部でしたが、それが廃部になりましたね。でも担任の先生は変わらないままでね。GHQの政策で教練がなくなりました。体操もずいぶん変わりまし

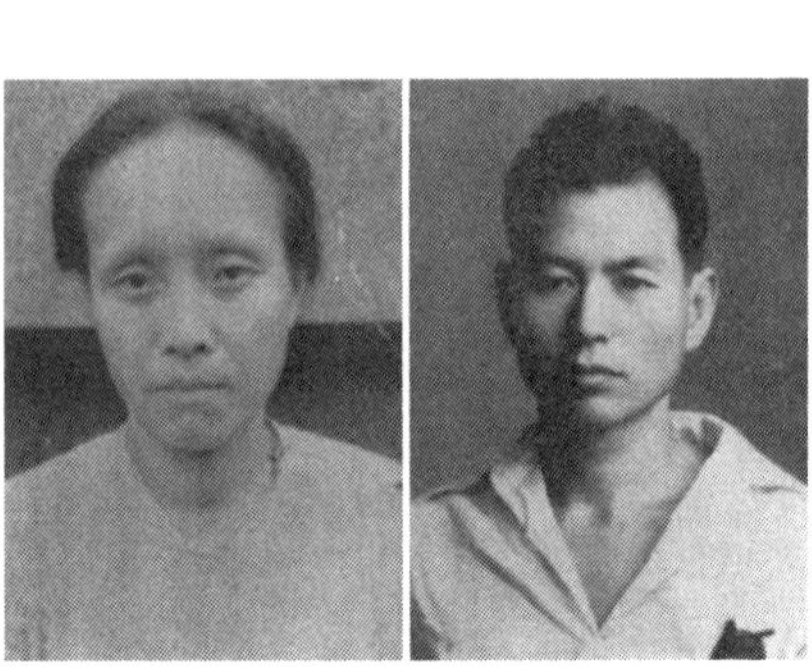

解放後、共に三〇代半ばの頃の両親

た。体育ですね。修身がなくなったし。

「赤山」高校へ

戦後、多摩中学と一五中学が合併して、青山中学（＊17）になりました。多摩中学はある意味で士官学校への進学校みたいな学校だったから、敗戦で軍隊がなくなり合併されたんです。一五中は空襲（四五年五月）でまるっきり焼けて、多摩中も校舎がないので、第四連隊（近衛歩兵第四連隊・赤坂区青山北）の兵舎だったのを校舎にしました。だから本当に変な校舎でしたよ。二、三階に兵隊が泊まっていた広い部屋があってそこが教室になりました。その脇におそらく士官が泊まっていたと思われる細長い部屋があって、それが部活動の部室になりました。一階は、宿無しの先生がいっぱいいたので、その先生たちの臨時宿舎になっていて、そこに鍋釜を持ってきて暮らしていましたよ。独身の先生なんかは部屋を開放したりする。そうするとそこが悪ガキたちのたまり場になった。それがそのまま青山高校（＊18）になりました。

私らの高校は一学年五クラス、一クラス四五人くらいだったと思いま

＊17　青山中学
一九四六年三月三〇日、都立多摩中学校と都立一五中学校が合併し都立青山中学校となる。

＊18　青山高校
一九四八年四月、学制改革により東京都立青山高校となるが過渡期の措置として旧青山中学と併設。

す。だから二三〇人か四〇人ですね。そのうち八割が大学進学して、東大に三〇人くらい、早慶両方で百人くらい入っています。後は地方の京大とか、一橋、東工大、外大に分かれて、かなり成績が良かった。

できた頃から教育はかなり自由で、戦後は青山は「赤山」と呼ばれたりしていました。全学連の闘士たちが皆そこの出身で高校生が同盟休校して警官隊が来たりして大騒ぎになったこともありました。

弟、妹たち

きょうだいは六人。妹たちが小学校でどうしていたか、あまりよく覚えていません、いろいろあったとは思いますが。ただ日本の敗戦後、朝鮮学校ができると、彼らはみんな朝鮮学校へ行きました。まだ一番下は生まれたばかりの子ですよね。後は二歳、三歳。朝鮮学校(＊19)へ行ったのは弟と妹二人、妹一人はまだ朝鮮学校に行くには距離が遠い、上の妹と弟が行ったと思います。

うちの母親というのは日本食は作りませんでした。朝鮮の山の木をそのまま持ってきたような人でした。母親の出すものはキムチと朝鮮食。

＊19 朝鮮学校
植民地支配から解放された在日朝鮮人たちは、皇民化教育により奪われていた「自らの言葉朝鮮語」を取り戻すために、各地に「国語教習所」を作った。「知恵あるものは知恵を、金あるものは金を、力あるものは力を」をスローガンに、一九四六年四月には朝鮮学院が全国に創設された。
しかし一九四七年GHQの勧告により、民族教育は日本政府の指導下に置かれ、日本語でのだから故国にいたときと食事はあまり変わらなかったと思います。だんだん変わってくるのは戦後、米がなくなったり、いろいろあってからのことです。

帰国を急ぐ在日社会

在日朝鮮人はたくさんいたのが、どんどんいなくなりました。故郷に帰る人が圧倒的に多かったと思います。二四〇万いたのが一年か一年半くらいで六五万くらいになるんですから。あっという間にいなくなりました。日本政府は帰国政策を持っていなかったから、皆、列車を乗り継ぎながら、何人かで小舟を調達して帰ったんです、我先きにと。共同で船を借りるとか、買うとかして帰って行ったのを覚えています。

親父は長男ですから、いずれ帰るというつもりでした。だけど親父には自分で解決しなければならない問題がいろいろあった。私のうちは祖母もいたし叔父もいたし叔母もいた。母方の伯父もいた。かなりいたんです。だけど、五月二三日（一九四五年）にも大空襲がありましたね、東京大空襲、それで一家がバラバラになったんです。

教育が強要された。在日朝鮮人がこれに反対すると、文部省は一九四八年に朝鮮学校閉鎖命令を出した。これには全国で反対運動が闘われ、中でも山口を始め兵庫、大阪などで激しく抵抗運動を組織し「阪神教育闘争」を闘った。以後朝鮮学校は自主学校、民族学校の形態を余儀なくされた。日本政府は「外国人学校法案」を何回も国会に上程し朝鮮学校を廃止しようとしたが、廃案に追い込まれた。朝鮮学校は現在でも一条校ではなく、各種学校の認定である。創立以来日本は、朝鮮学校の民族教育を弾圧し続け、現在も無償化除外問題や補助金停止問題がある。二〇一〇年一〇月に日本政府は国連人権差別撤廃委員会から「国際的にも認められている民族教育の権利を侵害している。一切の差別のない適用」をするよう勧告を受けている。

埼玉の桶川というところ――大きな三菱か何かの大工場があったんですが、そこの朝鮮人部落に祖母や叔父たちは行くんです。母や妹たちは、宮城の細倉に硫黄の鉱山があって、そこに疎開しました。

日本の敗戦直前の六月ごろ、桶川にいた親戚はみんな、おそらく最後の関釜連絡船に乗って帰っちゃうんです。日本には私の親父だけが残った。だから戦後の私のうちは母方も父方も親戚はいないんです。そういうことでした。だから二四〇万から六五万になるという現象がそこにもよく出ています。私の家の家族だけが残ったんです。

二四〇万というのは強制動員も含めてです。私の見たところでは、あの人もこの人も帰ったという感じでした。日本という国がいかに住みづらいかということです。あの頃は関東大震災の二の舞があるぞと多くの在日朝鮮人は思ってましたから。

新制青山高校で人見先生と出会う

高校ではどこの大学に入るかということが、それぞれの学生の希望になっていたと思います、私のいた高校では東大をめざす連中、あるいは理系をめざす連中は実務に進む方向です。東大に行くやつはみんな官僚になったり、会社員になったりしてますけれども、自分の家の関係からそこに進むというのが多かったですね。

私は、中学まではそれほど感じなかったんですけど、高校になるにしたがって、やっぱり私は違うんだということを感じてくるんです

周りの状況を見ても、就職ということは絶望的だった。特に大きな会社だとか、官庁だとか、道は完全に閉ざされている感じがしました。私自身が田舎に疎開をしていて、基礎的な勉強するときに東北を放浪していましたからね。だから毎日毎日勉強することによって積みあげる数学だとか英語だとか、こういったものに対する私の中学の基礎学力というのは非常に低いものでした。東京の学校に戻ってきて、英語のリーダーを一つ見ても、私にはなかなか分からない。数学は因数分解の段階しかやってませんから、微分積分のことがいきなりくるとなんだかさっぱり分からない。そういう状態だったと思います。だから理系、文系という見方、平均的な教養という見方でいうと僕は非常に片寄っている、そういう学生だったと思います。書物を読んだり、小説を読んだり、詩を読

んだりするのは好きで、そのことについてごちゃごちゃ言ったり、書いたりしてはいたんですけど、将来の進路にいろいろ迷っていました。

私は旧制中学の最後なんです。あの頃は旧制四年が大学の専門部、あるいは旧制高校に入るチャンスなんです。だから旧制四年で、昔の高等学校の受験資格があって、旧制四年のときにどうせ受からない、受からなくても元々だということで、旧制高校を受けたことがあります。私が受けたのは浦和高校だったと思います。私と中川と村田という三人が受けて三人とも落ちたんです。

それで、そのまま私は新制青山高校の二年になるんですね。落ちて当然だという自分の自覚があったからか、べつにがっかりもしなかったですね。二年になったときに、学制が変わって授業内容が全く変わるんです。一科目に集中するという授業になったのです。たとえば歴史をとりますね、私らの高校では、東洋史、西洋史、日本史と分かれていました。そして東洋史をとると週に五回授業があるんです。月曜から金曜までやるんです、一年間。それで、東洋史の講義を途中で途切れることなく、完結した勉強をすることができたんです。

青山中学四年、最後の運動会・文化祭(恩師たち、一九四七年一〇月二七日)

このときに担当した先生が人見春雄という先生です。この先生は、「一八史会」といって東大の昭和一八年の卒業の方で、学徒兵の経験があるんです。人見先生は当時まだ若かったです。東洋史を担当されました。この先生はすごく古いことをやらないんです。あの頃ちょうど中国革命が進行しているときでね、その進行にあわせた形で、新民主主義革命ということを言いました。中国のアヘン戦争から、侵略に対抗して五・四運動を経て、中国が内戦を経て、毛沢東が天下をとったときですね、そのときまでのことを一貫してしゃべりました。それで中国の流れというのがよくわかったという気がします。

人見春雄先生は私が高校を出た後、大森高校で校長をされたのが最後だったと思います。著書もあります。ジャイアンツというニックネームでした。背が高いんです。

大学で中国史を選んだのはこの先生の影響があったと思います。中国史、しかも中国の五・四運動に狙いをつけて卒論を書いたというのも、そういう背景があったと思います。

高校の同級に武藤一羊がいました。今も「七月会」といって数少ない

人見春雄（ジャイアンツ）先生と藤原昭（ぽん助）先生（最後列・藤原、その手前・人見）

生き残りが集まっています。

武藤一羊は、高校時代の恩師の言葉として次のように語っています。

青山高校二年の世界史の最後の授業だった。中国で進行中の革命について、東洋史の人見春雄先生が一時間をつぶし熱をこめて話した。「中国は変わりつつある。それは決して対岸の火事ではない。明治以来の日本の歴史の根本が変わることになるんだ」人見先生の授業の後、国会図書館を訪ねて毛沢東の『持久戦論』を読んだ。その「何か別の世界」が何だったのか、一気にわかった気がした。それは意思を持った「中国人民」という実体だった。もやが晴れて地形が目に入ったと感じた。（朝日新聞（一期一会）二〇一七年一二月二一日付）

高校で「社研」をつくる

人見先生に出会ったということが歴史学に関わる私の始まりですが、そこに行くまでまだいろんな複雑な行程、過程があるんですね。あの頃のうちの状況からみると、歴史学なんていう、なんかあてのない学問にいくという状況ではないんです。大学を出て働いて、家族を、母親を助けなきゃならないという状況があったわけです。それでも人見先生の影響かなんか知らないけれども、中国に対する憧れと、いわゆるアジアにおける社会主義勢力、そういったものにたいする自分の関心というのがあったと思います。

日本共産党の影響を受けた民主主義科学者協会（＊20）というのがありました。その民主主義科学者協会の下部組織で、高校生にも民学同というのがあったんです、民主主義学生同盟です。僕は日本共産党には入ったことはないんですけれど、民学同の青山高校のキャップになります。それで何人かの同級生と下級生を集めて、学校の民主化運動というんですか、そんなことに打ち込みました。「くまんばち」という新聞、青山高校の新聞部が発行した新聞に、よく僕が書いています（＊21）。学校の悪口。それで学校と喧嘩する。そのとき、やっぱり勉強しなきゃならん、社会主義の勉強をしなきゃならんということで、社会主義研究会、社研というサークルを作りました。そして今の駒場高校、その頃は第三高女でしたが、そこの女子学生たちと共同で社研の研究会をやりました。主

＊20　民主主義科学者協会（民科）
戦争中多くの研究者が学問の自由を奪われた。敗戦後それらの研究者の中でマルクス主義者が中心になり組織した。創立時侵略戦争を阻止できなかったことを反省し、民主主義科学の建設を目的とし、自然科学、社会科学、芸術部会が設けられた。共産党が六全協で路線転換すると民科も解体していった。

＊21　民主主義学生同盟（民学同）
「民学同はクリスチャンでもコミュニストでもリベラリストでも戦争に反対しファシズムに反対する全ての学生が参加できる組織。この学校（青山高校）でも概ね十数人入っている。教育の機会均等、学問の自由など我々の憲法の民主的基本的人権をファシストから守るためには

に駒場でやったと思います。そのとき駒場の社研の大将が御長《ごちょう》さんといいました。この人は女学校を出て、併設の高等科に進んでいました。彼女がキャップです。私らの学年のキャップは東山さんという方だったと思います。その上に御長さんがおったわけです。サークルは両校合わせると一五、六人。二〇人くらいになったかな。特にあの頃、女子校との交流があるというのは楽しいんですよね。それでいっしょにやったんだと思います。勉強も進むんです。

そのときにチューターとして来ていたのが不破哲三（＊22）です。一高の学生でした。御長さんとは恋仲でした。のちに御長さんは不破と結婚します。不破がチューターでしたから面白かったです。マルクス・レーニン主義をそういうかたちで教えてもらった。不破は私より三歳か四歳、上だったと思います。そのときの記念写真があります。若いときの彼はなかなかスマートです。お父さんが一橋の教授だったかな、それは覚えています。名前は不破とはいわなかった、なんて言ったっけな。お兄さん（上田耕一郎）もそういう主義者ですね。

そういうことがあって、私は学校ではかなり、なんていうか勉強はで

すべての学生が自分から立たねばならない。」（「くまんばち」より）

＊22　不破哲三
ふわ・てつぞう（一九三〇〜）旧制東京府立第六中学校、第一高等学校を経て、東京大学理学部物理学科卒業。現職は日本共産党中央委員会常任幹部会委員、党付属社会科学研究所所長。元衆議院議員。父は上田庄三郎。

きなかったけど、うるさ型だったということがあります。学校からにらまれました。学校の悪口を「くまんばち」に書いて、怒られたことがあります。別に理論派じゃないけど、なんか目立ちたがり屋だったんですね。

「くまんばち」が今、私の手元に残っているのはGHQがあの頃新聞を全部検閲していて、米軍の押収資料の中から出て来たからです。これを見つけたのは私です。七月会の仲間に話をして復刻して青山高校に保存するよう提案しました。

青山高校では「愛校会」というのを作っていて、どちらかというと学校をきれいにしようとか、そういうことをやった男が武藤です。そういう点で対抗してましたけどね、仲は良かったです。その中心に居たのが、私らが尊敬していた藤原昭先生です。あだ名はぽん助です。地学の先生でした。あの頃、わたしたちも悩みを持っていますね、恋人がどうのこうの、そういうのを全部聞いてもらっていました。彼は学校に自分の住居を持っているんです。戦後、住む部屋がなくてね、学校の中に空き室があったから住み込んでいました。一人者ですから、私ら時間があると、

高校社研時代、共同研究会のメンバーたちとともに（後列、中央が姜徳相）

そこへ行って勝手にくつろいで料理を作って食べる、まあ、そういう場所でした。

その頃、藤原先生は共産党員として活動をしてました。それで警察からにらまれていました。まあ、一時、青山は「赤山」と言われた、そういうところです。武藤は東大に行って学生運動で捕まって、逮捕されて退学になったんですよ。私も早稲田に入って捕まって退学になった。そういう連中はたくさんいました。

民族を失った在日の戦後

私の同級生に松村君という朝鮮人がいました。高校二年のとき、私の隣の席にいたんです。でも私も彼も自分が朝鮮人だとは言わない。中野に住んでいました。これはまさにあの頃置かれた私らの世代の一つの現象だと思います。彼のお母さんがうちに用事があって来て、そのとき初めて松村が朝鮮人だと知りました。だからその後、彼もお母さんから聞いて私のことを知ったはずですが、隣同士で座っていても一言もそんなことは言わないんです。大学を出た後、彼が中野でちょっと商売を始めたと聞いて初めてそこへ行って話をしました。今でも松村については私らの同級生は、彼が朝鮮人だとは知らないんです。もう死にましたけど。あの頃の日本で教育を受けて民族を失った在日が戦後どうだったかということの、ある面で典型的な一つの象徴だという感じがします。朴載日《パクチェイル》（177頁以下参照）も同じことを言っています。彼も本郷中学ですけど自分のことは一切言わなかったし、家に友だちを連れてくることもなかったと言っていました。

私と同じ日本育ちの朝鮮人は母語が日本語です。その頃私たちの周りには少し年上だけれど、朝鮮で育ち日本に留学して来た人や密航で日本にやって来た人たちがいました。彼らは朝鮮で育っているので母語は朝鮮語で、朝鮮人としての風習も身につけていました。彼らとは同じ朝鮮人でも全く違う育ち方をしているので分かり合えない苦悩がありました。

歴史学選択の過程

歴史には興味はありました。僕は理系の能力はありませんから、受けたのは受けたんですけど、見事に二回ともだめでした。東大も願書を出して試験受けましたけど、数学が完全にアウトですから落ちました。入れてくれるのは、三科目のところです。

あの頃は、青山では、だいたい東大、東工大、京大という国立が半分くらい、あと、私らの仲間、中途半端のところにいるのが早稲田か慶応。それで私は早稲田を受けたんですが、受けるときに政経にするか、法学部にするか、文学部にするか、迷った。だけど、法学部で法律習ったってしょうがない、政経に行って、経済とかやったってしょうがない。やっぱり人見先生がよく言っていた「やるなら歴史だ」と。それで文学部の史学科に入るんです。まあ、それが歴史に行く始まりです。

もう一つ、私が一番したかったのは、船に乗る船員、機関長とか、航海長とかになることでした。収入は多いし、まあ、かなり自由だし、いいなと思ったんです。それで二つ受けようとしました。水産学校と商船学校。高等商船学校は清水にありました。水産学校は、越中島（江東区・現在の東京海洋大学）。だけど願書をもらいに行ったら、「入試の願書を出す資格がありません」と言われた。なぜなら「機関長であれ、船員であれ、全員、（国の）外に出たり入ったりする、だけどあなたは、自由に出たり入ったりできません。そういう者をこの学校に入れることはできない」

そういう説明がありました。確かにそうなんです。在日で機関長とか航海長とか、そういう免許を持った者は誰もいませんでした。だからまあ、在日の壁で、それがだめだったということを覚えています。

それからもう一つあります。僕は別にNHKを受けようとは思ってはいなかったんですけど、放送部の友だちが、「お前の声、電波に乗るとすごくいい声だよ」「アナウンサーいいから一回受けてみろ」とこう言ったんです。それで採用の窓口行ったら「採用することはありません」と言われました。それはそうですよね。あの頃は、朝日新聞もそうですよ。朝日新聞の記者なんか誰もいませんよ。今はいるけどね。これは何故かというと、人のうちに夜中に行って取材をしたり、朝駆けやったりとか、そういうことはできない。消防士、これもだめですよ。人のうちに入って行けないです。それは、ちゃんと決まっているのです。そういういろんな制限がある。そのとき初めて、日本という国の朝鮮人差別というものの実態を感じた、実際に。当時日本で航空士、パイロットの資格を持っているのは誰もいませんよ。飛行学校もだめです。

まあ、そういう中で、歴史学を考えたときに人見先生の教えがよみがえってきました。だけど、早稲田の歴史学には人見先生のような先生は誰もいなかった。清と漢の王様のハンコの研究をしている、これが主任教授です。それで、読むのは漢文の史記。これが学問なんですね、彼らにとっては。だから私から見るととんでもないところに来たな、と思いました。だから学校の授業にはほとんど出ていません。幸い、早稲田にはいろんな学生グループがたくさんあった。民科(民主主義科学者協会)には早稲田班というのがあって、そこには歴史部会だったり、哲学グループだったり、歴史学研究会、そういうものがあって、そこに出て行って歴史の方法論を学びました。早稲田の教員からは何も教わってない、ほんとに。何の影響も受けていません。

第3部

大学時代（中国史から朝鮮史へ）

早稲田大学時代、文学部の仲間たちとともに
（後列、向かって右から2番目が姜徳相）

やるなら近代史を

史学科に入ったのは、高校の先生の影響がありますが、ほかに行くところがなくて史学科に入ったとも言えます。最初は朝鮮史をやろうという気はなかった。私が大学に入った頃は中国ブームでした。毛沢東と中国革命。毛沢東はある面で、昔のレーニンのような存在だったと思います。だから、毛沢東理論、毛沢東思想、その他いろいろなものが学校の中にあふれていました。今の状況とは違いますね。その頃、日本の進歩的な自然科学者、社会科学者、人文学者の団体で民主主義科学者協会というのがあり左翼の団体です。その支部が各大学にありました。早稲田にもあって、そこの哲学部会、つまり、マルクス・レーニン主義のサークルです。そのサークルに学生たちが外部から先生を呼びました。早稲田にはそういう先生はいないですから。当時の名の知れた唯物史観の歴史哲学者、これを順番に呼んできていました。その会に私はよく出ていました。今でもよく覚えているのは、月は太陽の属性であるという命題です。ああ、なるほどそうだなと、思いましたね。それから、奴隷制、封建制、資本制、その後に、社会主義、共産制ができる、唯物史観です

早稲田大学卒業式（向かって左から二人目姜徳相、一九五五年三月）

ね。そういう歴史学の大きな発展の哲学をいろんなかたちで詰め込まれたというか、勉強したことがあります。

そういうことで歴史を見る目ができたと思います。簡単に言えば、弱者の目線ですね。それまでの歴史というのは、全部支配者、強者が作った歴史です。なぜなら、被支配者には文字がなかった。彼ら（支配者）が文字を占有していて、自分らの勝手な歴史を作った、だからそれをより多数の被支配者の目で見るべきだと、これが基本だったと思います。歴史の見方、ものの見方を教わったという感じがします。当時の学生はそういうふうにしてみんな教わったんですね。

実際に個別の歴史課題ということになってくると、古代史をやるか、近代史をやるか、中世史をやるか、そういう選択が出てきます。その中で、古代史というのは、これはむしろ理論なんですね。史料というのは非常に限定されている。考古学はそういうものです。ものが出ると変わっちゃうんです、考古学というのは。古代史もそうでね、史料が限られていますから、新しい史料が出るとこれまた変わっちゃうんですね。むろん古代史の場合には新しく出る史料というのは非常に限られています。だけど、そういうことがたまにあるんですね。

中世史というのはまた、書かれたものはほとんどが支配層の書いたものなのです。中世史や近世史というのは、最下層の被圧迫者が書いたものなどあまりないんです。そういう意味で史料を通して反転して下のものを見ようということでやるなら近代史だということになったんです。

中国史に関心を持つ

最初、私は中国史に関心がありました。当時は毛沢東全盛の時代ですから、それに引っ張られて中国の近代史、それも中国革命史の第一頁である五・四運動史を選びました。朝鮮でいう三・一運動に匹敵する五・四運動です。五・四運動を担ったのは学生たちです。彼らとその上の世代の左翼、あの頃マルクス主義というのが出てきますね、そういうものにかぶれたというか、そういう知識を知った人たちが五・四運動を起こします。現地での思想の胎動というのですかね。

五・四運動当時の雑誌で、中国に『新青年』というのがありました。その『新青年』を中心にして、そこに出てくる論文の特徴をつかんで、五・

四運動の思想的背景、そういったものを卒論に選んだんです。これが私の歴史学というか、勉強する上でのある方向性、大きな枠が出てきたという感じがします。今もそういうことが残っていると思います。

これが一九五四年から五五年ぐらいです。朝鮮戦争が終わって、中国が全部革命を終えて、蒋介石が台湾に完全に追い込まれた、東アジアの戦後の秩序ができた頃のことだと思います。

レッドパージ闘争で逮捕、退学処分、復学

早稲田大学の一年のときに、レッドパージ反対闘争(＊23)がありました。その中で小林勝(＊24)に出会っています。小林は私より二年先輩です。学年は一年上で、年は三歳上でしょうか。小林は敗戦前の一九四五年四月に陸軍航空士官学校に入学しました。だから特攻隊になる訓練を受けていたと思います。戦後、私の同級生には軍服着ている兵隊帰りがいっぱいいました。その彼が、私が大学に入ったときに早稲田の全学連の委員でした。あの頃はレッドパージ反対闘争で揺れているわけです。そのときの核心的なメンバーです。委員長が吉田嘉清(＊25)、日本の原水爆

＊23　レッドパージ反対闘争
一九四九年、占領軍ＣＩＥ顧問イールズが新潟大学開校式において「共産主義教員の追放」と題する講演を行った。文部省も同調し「大学管理法案起草協議会」を結成。東北、北海道の大学では即反対闘争に立ち上がり、全国の大学に影響を与えた。五〇年、朝鮮戦争が勃発するとＧＨＱからの指示でレッドパージ（共産主義者とその同調者の公職追放、民間企業から追放）が始まった。これに対し労働組合や学生たちが反対闘争を組織していった。早大でもレッドパージ反対闘争が起こり多くの学生が闘争に立ち上がった。折から一〇月一七日学部長会議が開かれている会場へ、交渉を求めて学生たちが入室すると、これを阻止しようとした警察隊と衝突、学生一四三名が建造物侵入容疑で逮捕されるという事件(第

禁止の運動の大将になった男です。輝ける早稲田の委員長という名前をとった、指導力のある人です。石垣というのが文学部の委員長でした。石垣、小林、岩丸太一郎、その連中が文学部の闘争委員会の仲間だったという感じがします。

彼らと一緒に学校でレッドパージ反対のデモをして、その勢いで総長室に上がるんです。すると総長室のある建物の門を学校側は閉めて警察を呼ぶ。学生らはすでに中に入っていて逃げられなくて丸ごと逮捕されるわけです。私もその中の一人です。窓を開けて排水管を伝って降りたやつは逃げられたんです。僕も逃げようと思いました。でも、そのときに同級の女子学生がいて、彼女が私に荷物を預けて「ここで待っててね、私、ちょっと見てくるから」と言った。それで私は馬鹿みたいにずっと待っていて、逃げられなくなってしまった。このとき、一四三名が捕まります。そのうち早稲田の学生が八五人くらい、後は東大とか都立大とかいろいろなところから来ていた。私は不退去罪で三日ほど留められました。自分の学校の総長室にいて、何で不退去罪なのかと思った。それで検事が来て事情を聞くわけです。私は「自分の学校で不退去罪なんて、

一次早大事件）が起きた。当時集会やデモに参加していた澤地久枝さんは「数千の学生たち、いわばノンポリの学生も真剣に参加していた」と語っている。

＊24　小林勝
こばやし・まさる（一九二七〜七一）
慶尚南道晋州に朝鮮植民者二世として生まれる。安東、大邱で中学四年まで過ごし、一六歳で埼玉県陸軍予科士官学校、翌年に陸軍航空士官学校に進学。日本の敗戦により復員、一九四六年都立高等学校に入学、二〇歳で日本共産党に入党、新日本文学会に関わり始める。四九年早稲田大学文学部ロシア文学科に転入学、レッドパージ反対運動で停学処分を受け、五一年退学。五二年火炎瓶闘争で現行犯逮捕、獄中で多くの草稿を書く。以後七年間の裁判闘争を経て五

そんな話は聞いたことがない」と言った。私なんかは不起訴になる、雑魚だから。小林もそのとき一緒にいたんです。彼もそのときは起訴されなかったと思います。起訴されて長いこと、二、三か月留置場にいた人も何人かいました。彼がどこの警察に行ったかは覚えていませんが、私は中野警察でした。

それから翌年の春、大学が退学処分にしたのは不当に過重だったから復学する意思のあるものは復学しろと伝えて来ました。要するに停学処分にするということです。私は退学となっていたので東大を受けていたんですが、また落ちて行くところがありませんでした。それで一年遅れて復学をしたわけです。小林は復学をせずに退学したようです。

その後、小林は退学したけれど早稲田にはよく来て、学習会などをやっていました。それで五二年の六月二五日、朝鮮戦争二周年に朝鮮戦争休戦、米軍撤退というデモをやったんです。新宿の昔のコマ劇場のあたりには噴水があって人が集まれるようなところがありました。そこにみんなが集まってデモに行った。東口の駅前に交番があり、そこへ火炎瓶を投げた。私もそばにいたんです、私は逃げちゃったんだけど、彼は捕

九年、公務執行妨害罪で懲役一年の実刑判決により獄中生活を送る。五五年、新日本文学会に入会し、翌年発表された『フォード・1927年』が芥川賞候補となる。代表作に『蹄の割れたもの』『万歳・明治52年』『日本人中学校』など。植民地朝鮮で生まれ育った日本人の自分が、原初的な郷愁を乗り越えたところで、解放後の分断朝鮮といかに新しい関係を結びなおすかをテーマとした。

*25 吉田嘉清
よしだ・よしきよ（一九二六〜二〇一八）
熊本出身。一九四八年、全日本学生自治会総連合（全学連）の結成に尽力した。一九五〇年、早稲田のレッドパージ闘争でリーダーとして闘争を組織し果敢に闘ったが警察に逮捕され退学処分を受ける。その後ビキニ被

まっちゃった。それで彼は刑務所に行くようになる。一年間刑務所生活をする。こういうわけで私と小林は早稲田の学生運動の一年か二年間、わりあい近いところにいたんです。

朝鮮の話はしたことがなかった

私は、今では本当に恥ずかしいことをしたと思っています。青山高校の一年先輩の岩丸太一郎が、早稲田で小林と同じクラスの露文科にいました。岩丸は代々木駅のうちと反対側に住んでいたんです。小さい公園があるんですが、そのそばにうちがあった。彼は私のことをよく知っていて、小林に私のことを紹介したわけです。それで、小林と私は何回か話をしたことがあります。岩丸は私が朝鮮人だということを知っていて小林に私を紹介したんだと思います。そのときに小林は私が隠しているということを知っていたんですね。だからか彼は朝鮮のことを何も言わなかった。

彼は、自分は陸軍の士官学校、予科士官学校に入ってそこでロシア語を習った、だから早稲田の露文科を選んだんだと言ってました。そのこ

災事件をきっかけに、原水爆禁止運動に関わる。原水協の事務局長を引き受け、全国的な運動を展開していく。特に七七年原水爆世界大会で、原水協と原水禁の運動の統一を実現し、実行委員会代表理事になる。吉田は「考えや立場がちがっても、反核平和で手を結ぼう」と常に言っていたが、共産党からは、除名の処分を受ける。その後も草の根の平和運動を貫き、チェルノブイリ原発事故での被曝者救援活動を続けた。二〇一〇年エストニア共和国から赤十字勲章を授与された。早大のレッドパージ闘争時の本部バルコニーからの演説は、多くの学生を奮い立たせた名演説として後のちの世代に「吉田カセイ」と伝説上の人物として伝わっていった。

とを私は斉藤孝さんの思い出に書きました。小林から聞いた話で覚えているのは、「横田瑞穂先生とたった一人のゼミをそば屋でやったこと、直木三十五の三十五を何と読むのか、なおきさんじゅうごであるということを聞いたことぐらい」と書いています。

彼と朝鮮の話はしたことがない。彼は私が自分で言わないことについては、何も言わなかった。ある面では思いやりなんですね。でも言えなかったことを、私は非常に恥ずかしい思いで、今いるんです。言わなかったことは非常に卑怯だったと思っています。そのとき私が名乗っていれば彼は自分の朝鮮への思いを話してくれただろうと思います。私が本名を言わなかったために、彼から朝鮮の話をいっぱい聞くチャンスを失ったということです。

岩丸は私をよく知っているから、小林に紹介したのは私に「お前、自分のことを話せよ」ということだったと思います。彼は岩丸から私のことを聞いているはずです、今考えると。

これは本名を隠したことの、ある面での負の思い出です。隠していても私が朝鮮人だということは高校時代の岩丸が知っている。小学校から持ちあがりの同級生もみんな知っているわけです。知っていても直接言わないのは、彼らにはおまえを守ってやるぞ、黙っているぞ、という思いがあったと思います。

だけど何となくわかるということがあってね。そういうことを私の知らないところで言っているという話は聞いたことがあります。というのは、私はその頃仲良くしていた女の子がいました。同じ学区の女の子なんです。そして私より一年後輩のラグビー部のHの家がその女の子の家と裏表にあったんです。だから彼を通して手紙の交換をしていたんです。しばらくしてその子が「Hさんがあなたのことで変なことを言うのよ」と言うんです。「なにそれ」と言ったけれど、「知らない」と彼女はそれ以上何も言わなかった。でもこれでHが何か言ったんだとわかるんです。つまり、周りは「言わないことによってお前を守ってやるぞ、だけど何かあると言うぞ」と、そういうことなんです。お前の弱点をおれは知っているぞということだったんだと思います。そんなことが高校、大学時代まで続いていきます。

おそらく私の世代で在日だった者は同じような体験をしている。ただ私より少し上の世代で、私のように日本の学校育ちで高校を出ている在日というのは少ないです。韓国から政治不安を逃れて日本に来た世代はそういうことはお構いなしですよね。そういう意味での違いというのはかなりはっきりしている。それについて宮田節子(*26)がこういうことを言っています。どこかで書いていると思います。「向こう育ちの人は学校では差別を受けてつらい思いをしても、村に帰れば俺たちが多数派だ、だから日本で教育を受けた在日とは日本に対する見方が違う」と。姜在彦《カンジェオン》(*27)もそうだし李進熙《イジニ》(*28)もそうです。

「教養を持っていることが大事」

大学時代の同級生で、思想的にも、ものの考え方にも、私にいろんな意味で一番影響を与えてくれた人は金澤幸雄です。もう亡くなったのですが、あの頃、都学連の委員長でした。歳は三つぐらい上で、旧制一高の学生だったときに結核で休学をしていて、戦後、一高が東大の教養学部になっても彼は東大に行けなかった。それで早稲田に来たんです。そうでなければ会えなかった人です。早稲田で私と同期というかたちにな

*26　宮田節子
みやた・せつこ（一九三五〜）
一九五四年早稲田大学史学科入学後、中国研究会で朝鮮史に出会い、卒論に三・一運動を選択したことが友邦協会での朝鮮近代史料研究会設立のきっかけとなる。早稲田大学などで朝鮮近代史の講師も長年勤め、『朝鮮民衆と「皇民化」政策』（未来社）などの研究書がある。また、在日朝鮮人の人権運動にも深く関わる活動を行う。

*27　姜在彦
カン・ジェオン（一九二六〜二〇一七）
朝鮮済州島で生まれる。呂運享の「勤労人民党」で活躍。一九四六年、ソウル東国大学で政経学を学ぶも、アメリカ支配に反発し、抗議運動。五〇年渡日（密航）。運よく「講和条約が成立するまでは日本人である」と

りました。

　彼からは、共産主義とかなんとかということではなくて、人間の教養についてすごく教わるものが多かった。いろんな哲学書とか文学書とかそういうのをたくさん読んだり、音楽を聴いたりとか、昔の旧制高校の特徴だったと思いますが、そういうことが大事だということを手ほどきしてくれました。私をあちこち連れて行ってくれ、本をくれたり貸してくれたりしました。あの頃流行った西洋哲学、そういう哲学書を読めと薦めてくれました。あるいは文学書。『狭き門』を読めとか。日光の華厳の滝から投身自殺した青年がいましたが、まだその本は持っています。何をやるにしても教養をたくさん持っていることが大事だということを教わった。

　彼はバリバリの共産党員なんですが、「国際派」なんです。早稲田を出てドイツのフンボルト大学の客員教授に赴任するんですが、共産党が「国際派」と「所感派」(＊29)に分裂したでしょ、そのときに北京に現れるんです。そこで国際派の立場で共産党批判をやるんです。それで帰ってくるから、日本共産党からぺちゃんこにやられる。奥さんが医者で福

言い切る教授に出会い、大学に入学することができた。八年ほど総連近畿学院の教員もするが、六八年に総連と決別。その後、歴史研究に邁進し、各大学の講師をし、後に花園大学で教授となる。『三千里』『青丘』の発行にたずさわる。

　著書：『在日朝鮮人日本渡航史』（朝鮮研究所）、『朝鮮近代史研究』（日本評論社）、『玄界灘に架けた歴史』（朝日文庫）、『満州の朝鮮人パルチザン』（青木書店）など。

＊28　李進熙　イ・ジニ（一九二九〜二〇一二）

　朝鮮慶尚南道で生まれる。四八年、茨城の朝鮮連盟の小学校の教師となる。そのかたわら五〇年、明治大学で考古学を学ぶ。五七年、大学院終了後、朝鮮高校の専任講師となる。六一年朝

島に帰って病院を開業する。彼はその病院の事務職をやるんですね。

亡くなって一〇年くらいになるかな。彼のうちにはいろんな出版物、書籍を集めた書庫があって、「一度見に来いよ」と言っていましたが、行かないうちに亡くなってしまった。一度墓参りぐらいしなきゃいかんなと思っています。私が研究者になって、一番喜んでくれたのが彼です。彼に会ったときに「お前は立派になった」、そういうことを言ってくれました。

文学放浪・日記を書き続ける

中学生の頃から、詩を読んだり、そらんじたりしていました。宮田節子が言っていますよ、いつも私はなにかそういうものをそらんじて、人を惹きつけちゃうと。得意になっていたところもあります。たくさん読んで、たくさん書く。日記の中にそういう文章を入れていくんです。日記は高校生のころから毎日書いていますからね。今も書いていますよ。

軽井沢の中山道と北国街道が分かれるところに追分宿という宿場町がありました。そこが文学者や詩人たちの根拠地になっていました。かつ

鮮大学校の講師、七一年退職。一九九四年和光大学人文学部教授、二〇〇三年定年退職。

五世紀高句麗時代に建てられた広開土王碑の碑文が旧日本軍によって改ざんされたことを明らかにし、古代日本の朝鮮半島南部を支配したという「任那日本府」説に異を唱えた。また、四〇〇年前の外交使節団・朝鮮通信使の果たした役割を伝えたのも功績の一つである。七〇年代中頃からは雑誌『三千里』と『青丘』の発行に携わり在日文化運動と韓日交流に尽くした。

著書:『広開土王陵碑の研究』(吉川弘文館)、『教科書に書かれた朝鮮』(講談社)、『江戸時代の朝鮮通信使』(講談社学術文庫)など多数。

＊29 国際派、所感派
一九五〇年一月六日、コミンフォルム機関誌「恒久平和と人

て多くの詩人が夏の軽井沢に来ていろんなことをやって、そこここにいろんなものを残しているんです。そんなものを見ながら、あの頃の文学少年たちが集まる合宿がありました。私らは近くの仙道寺という寺の一室を借りて避暑兼合宿といって遊びに行っていたわけです。三回くらい行ったかな。そこは浅間山に一番近いんです。正面に見えるからね。それで道なんかどうでもいい、まっすぐ行こうと登ってひどい目にあいました。一歩登って二歩下がるという具合で、頂上に着いたら日が暮れて、えらく往生したことがあります。

　全国からそんな連中が、早稲田の文学部に入ってくるんです。彼らからも影響を受けていると思います。耳学問で、彼らの読むものを私も読むわけです。あの頃は『チボー家の人々』がはやっていて、読まないと話に入っていけない。あれはみんな読みましたね。あれ、長いんですよ。それを論議する。芝生に集まっては論議。そういう雰囲気の学校でした。それから、アラゴンの詩集とか。在日の作家のものは、僕はあまり読んでいないです。私が学生の頃はまだなかったですね。金達寿からはいろいろ影響を受けましたけれど。

民民主主義のために」に、日本共産党政治局員野坂参三の「日本の情勢について」が掲載された。その内容にコミンフォルムは「在日アメリカ占領軍が、あたかも進歩的役割を演じ、日本を社会主義への発展に導く『平和革命』を促進するかのように言う野坂の見解は、日本人民を混乱させ、外国帝国主義者が日本を外国帝国主義者の植民地的附属物に、東洋における新戦争の火元に変えることを助けるものである」と批判した。これに対し日本共産党は一月一二日『「日本の情勢について」に関する所感』を発表した。「論者が指摘した同志野坂の論文は、不十分であり、諸欠点を有することは明らかである。それらの諸点については、すでに実践において克服されている。」と述べた。

　ところが一月一九日、今度は中国共産党「人民日報」が「日

「朝鮮史は日本史の歪みを正す鏡だ」

　卒論を書いているときに、重要な転機が出てきます。一つは、「なぜ、お前は中国史を学ぶのか」という疑問を呈されたことです。代々木病院というのがありますが、あの病院は共産党系の病院です。そこに三人の朝鮮人の看護師さんがいました。金さん、李さん、郭さんです。一人は姫路から来て、一人は前橋、もう一人はどこだったか忘れましたが、この三人の看護師さん、私よりちょっと上のお姉さんです。近いでしょ、だから、すぐそばに朝鮮人がいるというので訪ねて来てくれて、それで懇意になって、いろいろ話しているうちに、「うちの病院の宿舎に変なおじさんがいるよ」って教えてくれたんです。それが、山辺健太郎(*30)です。

　それでアポイントを取って、山辺さんのところに行きました。山辺さんは当時まだ五〇代でした。本当に奇人と言えば奇人ですね。最初に受けた印象は「ものを片付けない人」というものでした。

　狭い部屋なんですけれど、奥さんと二人でいた。山辺さんは、「家外」といっていました。「私が家内で、向こうが家外」といっていましたね。

本人民解放の道」を掲載し「所感」を批判した。
　日本共産党は、拡大中央委員会を開催しコミンフォルムの批判を受け入れた。しかし党内の対立は収まらず、党主流派徳田球一、志田重男ら「所感派」と、よりコミンフォルム批判に忠実な宮本顕治・志賀義雄ら「国際派」とに事実上分裂した。

＊30　山辺健太郎
　やまべ・けんたろう（一九〇五〜七七）
　東京本郷生まれ。別府の小学校を卒業。大阪の丸善・足袋工場などで働きながら、外国語・社会主義理論を学び、労働運動、社会主義運動に参加。一九二一年大阪の第一回メーデーに参加。四一年、一斉検挙で逮捕されたが、屈服しなかったため、東京中野の予防拘禁所送りとなり、四五年、府中予防拘禁所に

奥さんはいつも外に出ていないのですが、後で分かったのですが、地学の学者で山に行っては岩石を叩いている人でした。狭い部屋の中はごみの山になっていて座るところがないんです。寝床は寝袋で、それをパッとあげ、隙間を作る。部屋の隅のほうに穴が空いているのですが、そこへゴミを入れて、DDT（＊31）をパッパッパと撒いて、座れという。（笑）エライ先生だなと思いましたね。ネコが三〇匹ぐらいいましたよ。ネコ屋敷だ！　そう思いましたね。

山辺さんは私の話を聞いてからこう言ったんです。「中国を勉強しているということだが、なんで中国を研究するのか、朝鮮人なら朝鮮を勉強せよ」と。

これは私の一生の教訓となりました。「朝鮮史は日本史の歪みを正す鏡だ」と、そういうことも言いました。最初はエエッと思ったのですが、これ勉強しているうちにこれは本当に正しい格言だと私は思いました。これが私が中国史をやめ、朝鮮史をはじめる転換点です。中国史を勉強しながらこれでいいのかという疑問は前から持っていたのです。そして最後に「だから君は朝鮮史を学ぶべきだ。そして日本との橋渡しをする、そ

移された。予防拘禁所で金天海に会い、身体の世話をしながら、朝鮮について学ぶ。四五年出獄。四七年ころから資料蒐集と研究に没頭する。

著書：『現代史資料・社会主義運動（1）～（7）』（みすず書房）『日本の韓国併合』（太平出版社）『日本統治下の朝鮮』（岩波新書）など。

＊31　DDT

敗戦後、GHQは発疹チフス予防のためシラミの撲滅にDDTを大量に使用した。一人ずつ頭の先から脚の先まで、真っ白になるまで振りかけた。人体散布は数回に及んだ。戦争中空襲で破壊された町は、衛生状況が悪かったため、チフスで多くの死者が出るだろうと予想されていたが、DDTでシラミは死滅し、予防に成功した。その後害虫根絶のため、森林、湖、など

ういう役割が大事じゃないか」と言われたのです。

朝鮮のほうに背中を押してくれた出隆

もう一人、朝鮮のほうに背中を押してくれた出会いがありました。

学生運動で知り合った出《いで》かず子さんです。この方は東大の哲学者の出《いで》隆《たかし》の娘さんです。その方の縁で、あるサークルが出隆さんを早稲田に呼んで話をしていただきました。そのとき、朝鮮の話をされました。伊藤博文と安重根の話でした。岡山の六高にいた頃の手記をもとに『ある哲学青年の手記』という本を書かれていたそうです。講演後、この本を「読みなさい」と渡されました。そこに、伊藤博文が安重根に射殺されたときに起きた六高での状況が書かれていました。排外主義、反韓ナショナリズムがダーッと広がって、韓国人留学生に対する迫害があったということが詳しく出ていたのですが、これに対して出先生は伊藤が朝鮮に何をしたかということを考えれば殺されて当たり前だと考えた、と書かれている。あの頃、おそらく、先生は一七歳か、一八歳くらいでしょう。当時の日本のナショナリズム、ナショナリストとは全く違う観点を持っ

にも世界各国で大量に散布し、使用されていった。しかし大量の殺虫剤散布が生物に与える影響が問題になり、日本では一九六九年稲作への使用を禁止、七一年には全面的に販売停止になった。

ていた人がいたということが分かりました。それで、私はもっと勉強しなければいかんと思ったのです。

早稲田中国研究会で朝鮮史の勉強会を

宮田節子は一九五四年の入学で、私とは学年が四年違うんです。私が五年早稲田にいたから宮田さんと出会えた。新しくできた中国についての勉強をしようと中国研究会に入ってきました。研究会で先輩の私がリーダーとなって中国語の原文を読み中国史の研究を始めるんですが、これを歴史部会と言いました。

宮田はあるとき講演で、二年生のとき中研で提案して早稲田祭で餃子を売り、それが早稲田祭で食べ物を売った最初だと語っていましたが、その餃子を教えたのは私です。新宿の南口に「石の家」という名前の餃子専門店がありました。満洲からの帰国者が満洲で食べた餃子が美味しかったということで、それを復元して出していたのです。これが非常に有名だったんですが、たまたま私はそこのコックさんと親しくしていたので、中研の勉強会の後などにみんなをそこに連れて行っていたんです。

それで宮田が早稲田祭で餃子を売ることを思いつき、私がコックさんを呼んで来ることになったのです。皮からの手作りで、良く売れました。入ったお金で本箱や文房具などを買ったんだと思います。

あの頃、中国から中研に本や雑誌が送られて来ていました。早稲田の中研は、私が入った頃は「シナ語研究会」といっていて、語学の研究会でした。歴史や思想といったものより、実務的な語学を学ぶ場でした。貿易などでは中国語が必要ですから、実務者を養成する、そういったものので、法学部、商学部の学生が多かったのですが、それが少しずつ変わって来て、毛沢東に興味を持つ文学系の学生が増えて行きました。宮田が入って来た頃から、東洋史の同級生もいたと思いますが、活発に活動するようになったのです。

東海道線での出会いと遠距離恋愛

大学に入った年の五〇年八月、同級生たちと槍ヶ岳に行きました。帰りの東海道線で私の席の斜め前に座った女性に目が留まりました。汽車の中で視線を交わしただけで、話もせずにそのまま別れたので、名前も何も知りません。目があって、きれいな人だなあという印象と、彼女たちは大阪弁でしゃべる、その大阪弁の訛りがよく耳に入っていました。ところが、あくる日だったか、学校に行く用事があって、飯田橋の都電の停留所で「早稲田行」を待っていて電車に乗ったら、そこにいたのです。その四人と引率の教員が。高田馬場で大会があるんですよ。アレッと思ったが、そこでは何も話はしません。彼女の降りるところで一緒に降りて、どこに行くのかと思ってついて行ったんです。そしたら朝から午後まで試合をやるわけですね。そのときに、すぐ槍ヶ岳に一緒に行った友達に召集をかけて、声もかけないで応援をしたんです。試合場では旗が出て、名前が出てくる。学校名も出てくる。だからそれを書き留めて試合後、私ら連名で、むろん、私は差出人ですけれど、最後まで頑張られた健闘を祝しますという手紙を学校宛に出しました。そうしたら、返事が来ました。そこから交際が始まった。彼女はそのとき一八歳です。気持ちのいい人でした。遠距離（恋愛）だからね。私が行って一泊していろいろ回る、そんな付き合いが約四年半続きました。

好きな女性と長く付き合っていると、一緒になりたい気持ちに自然になるでしょう。でもそれを母親に伝えられない。親父が聞けばそれはもう大反対するだろう。また、結婚するためには私は自分のことを「朝鮮人だ」と告げなければならない。それが言えなかった。それで、もたもたしているうちに向こうも自分の事情を言うわけです。「一人娘で養女です。だから、親を捨てられない。あなたには養子に来てほしい。少なくとも子どもは二人か三人もって、一人は生家を継がせなければいけない」こういう条件を出してきたんです。彼女も自分のことを言わないで付き合ってきた。向こうの親とも何回も会ってますけど、そういうときにはそんな話はしない。二人で「じゃあ、ちょっと考えよう」「時間を置いて考えよう」ということにしました。ぼくは親父に言ったら、それこそひっぱたかれちゃう。母親に言えば、「いい」と言うかもしれないけど、一番悲しむだろうと思いました。時間をおいている間に少しずつ冷静に考えるようになって、二人で「今は別れて、一年後にここでもう一度会おう」と決めました。けれどそれからは手紙もやらなくなったし、そのまま切れてしまいました。その後再会はありません。そんな思い出がありますね。

元来の人生設計

私は大学では中国の研究に進んで、中研（中国研究所）の職員になりたかった。それは私の偽らざる気持ちでした。ただ次第に、中国研究をやってたんじゃ駄目だ、本名宣言をして、祖国の現実をちゃんと見て、自分が何をすべきかということを考えるようになりました。

失恋があって、立ち直るとき「おれはおれで行こう」という思いがありました。そういうことがあって、ようやく「朝鮮史にたどり着いた」という、そういうことです。

前から朝鮮に関心があったし、自分の日記には朝鮮史について書くけど、人には言わなかった。そういう非常にひねくれた青春がありましたね。考えてみると、育っているときに、苗木のまま針金でまっすぐ伸びるのを曲げられた「盆栽」のようです。そういう中での自分の葛藤があったと思うんです。家が「日本」についてもう少し寛容であったら、そのままいっちゃったかもしれない。だけど、親父はそうではなかった。母親も自然の中から切り出した自然そのものの人だから、そういう訳にはいかなかった。

COLUMN

国籍条項と差別

戦前、朝鮮人は皇国臣民にされ「日本国籍」を有し、「内地」（日本国内）に定住する限りにおいては、「内地」人男子と同じに選挙権、被選挙権があった。しかし朝鮮人は日本に住んでいても戸籍を日本に移すことは禁じられていた。

朝鮮人は解放後、日本国籍を存続したが、1945年12月選挙法の改正により戸籍が日本にない朝鮮人、台湾人の選挙権、被選挙権は剥奪された。1947年5月2日昭和天皇の最後の勅令「外国人登録令」が出され、朝鮮人、台湾人は「当分のあいだ、外国人」とみなされた。翌日、日本国憲法が施行されたが、外国人として規定された朝鮮人、台湾人は、日本国憲法が保証する権利は全て剥奪された。

1945年8月15日で解放されたものの在日朝鮮人に対しての差別は変わりなく存在した。就学、就職、住宅入居、結婚、生活のあらゆる面での差別があった。公営住宅入居、住宅金融公庫融資、国民年金法、児童手当諸法、公務員採用等国籍条項があり疎外された。この制度上の壁が朝鮮人の生活を棄民状態に追いやった。

1968年金嬉老事件が起き、朝鮮人差別の糾弾を受け止める日本人も出てきた。1970年日立製作所就職差別裁判（74年勝利）が起こり、差別に対して糾弾の闘いが各地で組織されていった。

70年代初めには、日本育英会の奨学金制度の国籍条項撤廃、公営住宅、住宅金融公庫融資の国籍条項撤廃が進んでいった。このような中で自治省は、『地方公共団体の意思形成』や『当然の法理』に抵触する職」以外は国籍条項を外してもいいと言う見解を出した。1974年全国で初めて外国籍公務員が誕生した（尼崎3名、川西市1名、西宮市1名）。公務員の一般行政職には進まなかったが、多くの自治体で医療系、福祉系を中心に、「公権力の行使」に該当しない職種から地方公務員の国籍条項撤廃が進んでいった。そして電電公社（現NTT）の国籍条項撤廃と進んでいった。

1980年代に前後して世界的な人権問題の動きの中で、日本の人権問題の後進性が露わになってきた。そんな中「国際人権規約」の批准（1979）、「難民条約」の批准などが日本社会を大きく揺さぶった。「難民条約」を批准することによって、内外人平等の権利が保障された。そのため国内法を変えなければならなくなった。在日朝鮮人を排除、疎外してきた法の改正である。そして各自治体の判断で高知県（1995）、神奈川県（1997）、沖縄県、大阪府（1998）三重県、滋賀県、鳥取県（1999）と国籍条項を撤廃する自治体が増えてきた。

1970年代、地方公務員の国籍条項が撤廃され、外国籍公務員が誕生する中で、公立学校における教員も少数だが採用されるようになっていった。それまで外国人は教師には採用されないと言う常識があった。大学の教授において も国公立大学では、教授には任用できないという国籍条項があった。

1970年代の初め日本の大学の専任教員（韓国籍、朝鮮籍の朝鮮人教員）に呼びかけ「大学教員懇」が立ち上げられ、在日韓国・朝鮮人の権益擁護運動を組織し始めた。

1974年には、国公立大学専任教員への就職打開運動の推進を強力に推し進めるため、文部省、及び公立大学協会会長宛に「在日韓国・朝鮮人の公立大学教員への就職差別撤廃等に関する要請書」を提出した。1977年には京都においてシンポジュウムを開き多くの人に訴えていった。「大学教員懇」と他団体、関西の各大学長、教授等の呼びかけで「定住外国人の国公立大学教員任用問題」をテーマに2日間にわたって討議をした。その会議の様子は、新聞その他を通して報道され、多くの人の関心を呼んだ。また冊子を作り政府関係者、大学関係者そして一般書店での販売もして広めていった。この問題を主体的に受け止めた日高六郎や飯沼二郎が中心となり「定住外国人の大学教員任用を促進する会」を発足させた。翌1978年東京でシンポジュウムを開催し、今までの取り組みをより発展させていった。

１９８２年「大学教員懇」は文部大臣、ほか諸機関と交渉し８年目に国公立大学「外国人教員任用法」正式には「国立又は公立の大学における外国人教員の任用等に関する特別措置法」を獲得した。

このとき、文部省は次の文章を添えた。「同法は、国公立大学の教授等への外国人の任用について、特別措置を講じたものであり、公立の小学校、中学校、高等学校の教諭等についての取扱を変更するものではないことを念のため申し添えます。」（１９８２年９月18日）つまり、大学の教員には特別措置によって例外を認めたが、高校、中学、小学校の教員には「公権力の行使及び公の意思形成」に当たる公務員として、公立学校に任用することは出来ないと言うことだ。

その年の12月在日朝鮮人梁弘子が長野県の教員採用試験を受けて合格したが、合格（内定）が取り消された。梁さんは１９７９年に教員採用試験に合格しながらも国籍を理由に採用されず、臨時採用の講師で過ごして来た。この国籍差別に組合を始め多くの人の運動で長野県教育委員会は「外国籍者も同等に扱う」方針を出した（１９８４年８月）。そのもとで梁さんは教員採用試験を受け合格する。しかし文部省は「当然の法理」をかかげ長野県教育委員会を牽制し続け、ついに長野県は文部省に屈服し、梁さんの合格（内定）を取り消したのだった。国家による不当な介入により、地方自治体は主体性を維持することは出来なかった。

この事態に、国会でも問題になり、各地の教職員組合を始め、多くの団体が抗議。長野県は、梁さんを（期限を附さない）常勤講師として採用した。

これがのちに、外国籍者は「期限を附さない常勤講師」として任用する布石になったのである。現在も外国籍者は、教諭ではない常勤講師での差別的任用である。

２０１８年外国籍の教員たちは国連・人種差別撤廃委員会に被差別的な現状を訴える取り組みを始めた。教員ばかりでなく、「当然の法理」によって公務員の中の職種も被差別の状況にいまも置かれている。

（文責：姜徳相聞き書き刊行委員会）

就職の試み

彼女との結婚を考えていた頃、就職試験を受けています。だけど、日本の企業は願書を受け付けない。出版社も新聞社も全然ダメ。「新聞社の記者は他人（ひと）の家に入って行く。外国人はダメだ」、こういう理屈でした。「消防署」もダメです。やはり他人の家に入るから。それで「三一書房」に行きました。面接で「なんで受けたのか？」と聞かれ、「在日がやってるんでしょ」と答えて大笑いされました。違っていたのですね。それから「芳賀貿易」という中国貿易を始めた会社があって、そこで採用の話がありました。これは大学を出た直後です。中国語をやったものですから、中国語が少しできるんです。その中国語を武器に、ちょうど日中貿易が始まった頃、中国の貿易見本市が東京、大阪、名古屋なんかで大きく行われたことがありました。一年間ぐらい続いたでしょうかね。東京で半年とか、築地のどっかでやりましたけど。そういうときに雇われて通訳みたいなことをやったことがあります。そんなことがあって芳賀貿易という会社に就職が一度決まったんですが、私の恋愛問題が壊れちゃったということで、就職する理由もなくなり、それもご破算です。行かないことになった。そのまま大学院に進学するということになるわけです。

就職せずに大学院へ

実家は母親がラーメン屋やってましたから、店を手伝うという選択もありました。でもそれではラーメンを作ったり、チャーハンを作ったりとか、そんなことばっかりやっちゃうということになるわけです。それも言って見れば一つの仕事なんですけどね、それをやるには、まだうちの母親が元気でしたから、私が代替わりするということもないんだろうということで、やることがない、だからやむなく大学院に行った、ということもあるかと思います。要するに、大学を出たけれど行くところがない、という状態でした。

その頃、民族団体が非常に活発なときで、そこに入ってやる仕事なんかはありましたね。いわゆる活動家。あるいは、その民族組織がやっている出版社、あるいは、そこの専従事務、そういうこともありましたが、両方とも行く気にはなれなかったです。というのは、まだあの頃は今もそうですけど、政治の時代というのか、組織のやることが、在日の問題よりは、祖国に対しての貢献を重視していたからです。組織の上層部が言ってみれば祖国から勲章をもらいたいという、そういうことの競争をしているように見えたんです。南北分断というのは、私たちの親の代から見れば、分断された祖国の統一問題が非常に大きな視点になっているのはわかっています。けれども私らの感情や感覚としては、その祖国は私たち在日にとって、南も北もですが、何の手助けもしてくれなかった。私らは戦争中でなにもなくなるんですよ。日本人も皆そうですけど、日本人にはまだ故郷があります。だが我々はないんです。切れちゃうわけですね。だから地方に行って炭坑で働いていた人は鉱山が閉山になれば、街へ出て来なければならない。そうすると、そこでやる仕事は決まっているわけですよ。もう本当に一日働いて、それでようやく一日食べられるという仕事の人が多かったと思います。ところが日本政府は差別、排外排除、そういうかたちで邪魔者扱いするということが実際だったと思います。そういうことに対して、南北の組織が一緒になって日本政府にぶち当たってくれたらいいんですが、そういうことではないんですね。

彼らは日本政府の弾圧は批判するけれど、トップの向いている目は祖国に対してであって、それぞれ南北の国に対して自分たちがどう貢献するか、そこからどういう勲章をもらうかという、そういうことばっかりやっているという感じがしてなりませんでした。

　私は二歳のときから日本育ちで母国語なんていうのは知らない。戦争中日本の教育を受けて、そのまま大学教育まで受けた人間ですから、親は朝鮮人、韓国人であっても、自分の中には母国語を通して、あるいは風俗を通して見る民族というものがなかったという感じがします。だから、民族組織にはそこに入って行っても、のけ者扱いというか、自分で入りきれないというものがあった。眩しいですね、ある意味では。だからやっぱり、何をすべきかというと、自分で何かをやらなきゃしょうがない、ということになるのだと思います。まあ、これがある面ではそういうものが学問の世界の風に馴染むというか、研究者面してくるということがあったという感じがしますね。それは大学院に入る頃から感じていました。

中国語のアルバイト

その頃中国に憧れていましたから、中国語は倉石武四郎先生の講座で勉強しました。そこで倉石先生や竹内先生や工藤先生に手ほどきを受けて、私もちょっと読めるのはそこの成果です。あの頃中国語をやらないと勉強にならない。もう少し中国語を勉強したいということがあって、半年くらい通訳兼アルバイトをしました。「雑誌中国」という本を出版している邦友書房というのがあります。そこでアルバイトをしたんです。取材に行ったり、原稿取りに行ったり、ということで、東大の中文の先生方、あるいは大学院受けた人、受かった人たちと懇意になります。それが私の財産になります。そこに一年くらいいたんですかね、まあ、そんなことをしながら、魯迅展なんかに行ってアルバイトをやったことがあります。アルバイトですから給料はそんなによくない。

もう一つ、税関でもアルバイトをしました、これは実入りがよかった。私の担当は米軍の払い下げ物資です。その業者の一人として、立ち合いに参加する。それは収入がよかった。そんなことを院生の頃やりました。そんなことをしていて、定職はなかったですね。

朝鮮人宣言

私が内面に持っていたものを山辺先生、出先生がぐっと押し出してくれたのだと思います。そして自分自身の失恋、名前を隠していることから起こる矛盾、いつまでもこのままの名前でいいのか、そして、中国史をやって中国史の専門家になって日本人面をしていていいのかという葛藤が生まれてきました。そういう内面の変化があったんです。だから自分は中国ではなく日韓の関係、あるいは朝鮮の勉強をして自分を取り戻さなければいけない、そういうことです。失ったものを取り返す、歴史で取り返そうということが、自分の転換です。

中国研究会の中で朝鮮史研究を始めようと言ったとき、宮田たちがそれに同意してくれました。その頃に私は朝鮮人宣言をするんです。それまではチャンスがなかった。今まで隠してきたことをさらけ出すというのはものすごく怖いんですね。

中研の連中が二〇人くらい集まったときだったか、何の会だったか忘れましたが、そのとき「ちょっとこの場を借りるよ」と言って「私の本名はこうだ」と朝鮮人宣言をしたんです。宮田さんがこのときのことを

「図書新聞」（二〇一〇年一一月一三日）に座談会で語っています（＊32）。

　その頃、会のメンバーの中で私が朝鮮人だと知っていたのは、私より二年後輩で宮田と同級生の権田信雄、彼は知っていました。権は「権田」と名乗っていた。あと大村益夫が知っていたかどうか。私は戦後の科学的な朝鮮史の研究の揺籃の地は早稲田の朝鮮研究会と思っています。宮田、私、権、大村、みんなそのときの仲間です。これが友邦協会につながって梶村、武田、北村が加わってきた。みんな研究者になりました。

　自分が本当のことを言わないでいたことの後悔の念はものすごくあります。隠していていいことはありません。本名宣言して、晴れ晴れしました。そのことで離れていく人もいましたが、その代わり親しい者はより親しくなる。こういう関係ができました。もっと早く分かっていればよかったんですが、なかなか、そこまで行かない。それが、私の青春の一番の残念無念の思いです。それだけ「皇民化教育」は人間を歪める。恐ろしいものを持っていると思います。

　だから、歴史意識をきちんともった人の判断は非常に大事だと思いますね。私がいつも学生に言うのは「歴史意識は人の心を作る。風が吹け

＊32　「図書新聞」座談会
　ある研究会が終わった後に、彼が「今まで日本人として生きて来て、日本人としてみなさんと付き合ってきた。しかし、それは自分の弱さだった。実は自分は朝鮮人だ」といったんです。私はびっくりしました。だって朝鮮人が日本人になるなんて、そんな自然の摂理を無視したようなことが実際にありえたのだろうかと。しかも彼は日本名を名乗って、それにちょっとキザったらしく中原中也の詩なんか口ずさんだりして、日本人以上に日本人的だったんですね。その人が朝鮮人。その時「民族」って一体何だろうと考えました。（宮田節子談）

ば砂は飛ぶだろう。だけど石は飛ばない。自分の考えを持っていれば飛ばない。風で飛ぶな！」こういうことをいつも言います。歴史を体の芯にきちんと捉えていくことが大切だと。『坂の上の雲』（司馬遼太郎）を見て、あれが歴史だと思ったら、大間違いです。

「早稲田大学中国研究会機関紙」に朝鮮史研究を提起

私の手元に中研時代の機関紙があります。たくさんあったんですけど、出したりしまったりしているうちに少なくなってしまいました。今、手元に残っているのは私が中国の研究をしていた五五年のものですね、大学院二年のときのものです。そのとき私は中国研究会のメンバーで、神農智という名前で書いています。現代中国学会という学会のメンバーでした。私は現代中国学会という団体の末端にいて、その頃は中国を勉強しようとしていた、ということです。

新島淳良先生もいらっしゃいました。新島先生は私の中国語の恩師です。その頃は中国研究所の主事になるのが私の希望でした。中国の外貨侵略史、アヘン貿易の本をみんなで読む、中国史の本を原書で読む、そのチューターとなって一緒に読む、そんな勉強会がありました。

この機関紙に書いたものは、それまで勉強していた中国史とおさらばするという文章です。私が本名宣言をした直後に書いたものです。あの頃は、中国のことを勉強している連中には魯迅を評価する人が多くて、皆「阿Q」的なんです。魯迅は日本人の間で人気があったけれど、それに対する嫌気がありました。「俺には他にやるべきことがある」と。あの頃の中国研究会の人は「中国」のことを勉強するというより、「中国の大きさ」とか「毛沢東が偉い」とか「毛沢東思想」の礼賛ばかり。何も考えない、はまっている。だから卒業したら忘れちゃって反中国になったりした。

俺はそういうものに毒されなかったよと言いたかった。それに対して「お前ら、もっと考えろ」と言いたい。私にとっては魯迅を問題にすることより朝鮮のことのほうが大事だ。在日の詩人、許南麒《ホナムギ》（＊33）の詩『火縄銃のうた』を出して朝鮮はこういう現状にある、だから朝鮮を学んでこそ本当のことが分かる、と書きました。この文章を書く前に、私は宮田たちの前で朝鮮人宣言をしているわけです。

＊33　許南麒
ホ・ナムギ（一九一八〜八八）朝鮮慶尚南道で生まれる。一九三九年渡日。日大芸術学部映画科、中央大学に学ぶ。アテネフランセ、太平洋美術学校でも学ぶ。戦後、川口朝連小学校校長、神奈川の朝鮮中学校教員。四五年秋から六〇年ごろまで詩作に励む。朝鮮語・日本語の両方で作品を発表。日本語での長編叙事詩『火縄銃のうた』で注目された。総連の副議長・在日本朝鮮文学芸術家同盟の委員長・共和国最高人民会議の代表にも選出された。
著書：『日本時事詩集』『朝鮮冬物語』『朝鮮海峡』『巨済島』、その他多数。

宮田節子の卒論から友邦協会へ

一年のときの宮田たちのグループは五、六人いました。その中研歴史部会の中に新たに朝鮮史の勉強会ができるんです。私が朝鮮史をやらなきゃいけないと意見して、早稲田の中国史研究会の中に朝鮮史の勉強会ができたんです。宮田と私と大村益夫、権田信雄（権寧旭）が中心になり五、六人のサークルを別に始めたのです。

確か一九五七年のことだったと思います。宮田が早稲田の朝鮮研究会の集まりで、三・一運動を自分の卒論テーマにすると言ったんです。山辺健太郎の影響があったように思います。卒論の主査が栗原朋信、副査が清水泰次という方です。栗原先生は中国のハンコの研究をやっていました。清水先生は明の時代の銀の貨幣、この研究の権威でした。その分野ではたいへん有名な先生です。清水先生が宮田に「丸の内に友邦協会（＊34）という朝鮮総督府の役人たちの団体があるので、そこに行けば何か資料が見つかるかもしれない」と助言をしました。そこで、宮田は一人で友邦協会を探し当て、資料を得て卒論を仕上げるのです。

無事卒業となって友邦協会に報告に行った宮田に、会長の穂積真六郎

＊34　友邦協会

一九五〇年秋、穂積真六郎を中心とした同和協会の有力者が日韓関係の混迷を憂い、朝鮮に関する諸般の問題を調査研究し、これを実践普及する目的で朝鮮研究所を設立しようとしたことに始まる。日韓親善の実を上げるには、「日本は韓国を研究し、韓国の民族的心理を理解し、交友の基礎を合理的に立て直していく必要」があり、「朝鮮に居た者が自己の過去における知識と経験とそして長い経験に対する自己批判を基礎として、一般の理解と普及に努めていくため」、「朝鮮にいた我々の国家に対する最後の義務として日韓両国の問題にかかわらなければならない」というのが穂積の考えであった。

若い学生研究者たちと共に朝鮮近代史料の記録作成の場となった「穂積ゼミ」は五八年から

（＊35）が、「一緒に研究会をやりませんか？」と誘ったのです。穂積曰く「自分らは朝鮮から引き揚げてきた官僚で、朝鮮支配を三六年やった実務者である。自分は今、朝鮮からの引き揚げの問題をやっている。日本の朝鮮支配のことがあれこれ言われているが、その功罪――良かったか悪かったかは後世の判断に任せる。今はまだ言えない。ただそのためには、史料をきちっと保存しなきゃならない。今ここに集まっているのは、みな頭の中に史料を詰め込んでいる人たちだ。だからその人たちから聞き書きをしなさい」

オーラルヒストリーですね。「たとえば三・一のときにその先生は何かしているはずだ。そのときの先生自身の思いとか、持っている個人史料、そういったものを引き出しなさい。私らはその斡旋をする。それを記録する」こういうことでした。「自分たちでやろうとしたけれど、手がないんだ。みな、高齢で。だから若い君たちがそれをやってくれると嬉しい」と。それを宮田が私らの研究会に持ってきた。これが始まりです。

七〇年まで行われ、後に記録は「友邦文庫」として学習院大学東洋文化研究所の所蔵となる。

＊35　穂積真六郎　ほずみ・しんろくろう（一八八九～一九七〇）

一九一三年東京大学法科大学卒業後、文官高等試験に合格、朝鮮総督府に入る。三二年宇垣総督の下、殖産局長となり、以後九年間務める。その後朝鮮商工会議所会頭、京城電機株式会社社長等を歴任し、四五年敗戦時、朝鮮引揚同胞世話人会を組織、引揚に尽力する。四七年参議院議員当選、五二年財団法人友邦協会を設立し理事長に就任。五八年若い学生研究者たちと共に朝鮮近代史料研究会を設立し、元総督府日本人官僚一二九名に関する聞き取りを行い四一八本の録音記録を残すのに尽力する。

穂積真六郎と友邦協会

穂積は、今度お札になるという渋沢栄一の外孫にあたります。穂積家というのはお父さんが穂積陳重という法学者で、東京大学の法学部長、法科大学長などを歴任し、最後は枢密院議長を務めた。お母さんは渋沢栄一の長女です。お兄さんも東大法学部教授で後に最高裁判所判事となります。そういう学者の家系で、伊予宇和島の伊達家の出身です。伊達家にいたときに三百石取りだったと言っていました。三百石というのは、かなりの高位官吏です。朝鮮総督府では、殖産局長、日本でいえば商工大臣を長くやっていました。ところが朝鮮総督府の推し進めた皇民化政策、創氏改名、それには反対で辞められた。彼はそういうことはやらないほうがいいと反対したわけです。その後、朝鮮商工会議所会頭か何かになったはずです。戦争が終わってからは日本人の引き揚げが無事に全部できるように京城日本人世話人会という会を組織し、その会の会長をなさった。

一九四七年五月、参議院議員に当選し、五〇年五月まで務めた。一九五二年一〇月には友邦協会を設立し、理事長に就任していました。

「國分三亥先生（朝鮮総督府高等法院検事長）　百歳記念の年の寄せ書き」より

中央日韓協会と田中武雄

もう一つ、友邦協会には田中武雄の中央日韓協会(＊36)が同居していました。この中央日韓協会は、敗戦時、朝鮮から丸裸で帰って来た日本の居留民が、朝鮮に残した財産を「請求する」という立場で、日韓会談のときにできた組織です。だから団結が固いんです。そういう利害がありました。彼らは朝鮮に残してきた財産の目録を政府に提出しています。これは膨大なもので日韓会談が終わった後、処置に困ったんですね。高麗博物館の館長をしていた樋口雄一がよく知っています。彼が神奈川県の県立公文書館にいたときに、公文書館に資料がたくさんあると聞いて私は見に行きました。樋口は「その処理をどうするかと困っているんだ」と言っていました。その後、公文書館に公開資料として現在も残されているそうです。

そういう朝鮮にまだ利害を持っている人たちの集まりが中央日韓協会です。その大将が田中武雄です。

私らは友邦協会のおかげで当時の朝鮮総督府にいた役人の偉い人間にずいぶん会っています。政務総監の田中武雄、大野緑一郎という南総督

＊36　中央日韓協会
起源は一九二六年設立の中央朝鮮協会。朝鮮総督府の元高官を中心として、朝鮮と関係ある財界人、ジャーナリスト、衆議院議員、貴族院議員、在朝日本人などを会員としていた。四六年二月にはこれを引き継ぐ団体として旧友倶楽部が設立され、朝鮮からの引揚者団体である朝鮮引揚同胞世話会、など三つの団体から同和協会が設立された。五一年一〇月に日韓会談が始まり、五二年四月にはサンフランシスコ講和条約が発効すると日韓両国の親善に寄与することを設立目的に加えて名称を変更し、外務大臣、厚生大臣の管轄を受ける社団法人中央日韓協会となった。

のときの政務総監、戦争が終わったときの政務総監、遠藤柳作これにも会いましたよ。それから親日派の朝鮮人、行くとこなくてそこに遊びに来るんですね。彼らにも会ったことがあります。名前は忘れましたけど。友邦協会としては朝鮮統治の功罪は時間が経たなきゃわからない、そのために今は生きている人の頭にあるものを資料化しなければならない。人間は死ぬからね。それは成功したと思いますね。学習院がそれを引き継ぎました。中央日韓協会は公益社団法人として現在もあるようです。

朝鮮近代史料研究会の立ち上げ

一九五八年の春先だったと思います。新宿の明月館という焼肉屋の二階に、友邦協会を代表して穂積真六郎と近藤釼一、渋谷礼治の三人、早稲田からは私、清水泰次先生と、宮田節子、権寧旭《クオンニョンウク》、それからもう一人いたと思いますが、集まりました。そして友邦協会の朝鮮近代史料研究会を立ち上げるんです、近藤釼一は『京城日報』の編集部にいた新聞記者です。渋谷礼治は朝鮮銀行副総裁か何かをやっていた人です。

ここが私に言わせれば、戦後の日本の朝鮮史、特に朝鮮近代史の研究の日本での揺籃の地となったのではないかと思います。天理大にあるのは朝鮮語で朝鮮近代史ではない。都立大には旗田巍さんがいましたが、高麗史、中世史であって近現代史ではない。東京教育大（現・筑波大学）にあったのは言語学、朝鮮語。だから私たちの学生の頃はそういうものが一切なかった。研究会では朝鮮語も教えましたし、梶村(＊37)もそこで朝鮮語を習ったんです。ほかではなかったので。私も習いに行ったんですが、途中でやめてしまいました。梶村や武田幸雄など東大の連中はその点ちゃんとやってました。大阪に行った北村秀人なんかもそうでした。朝鮮語という講座は（大学に）ないですから、そこで学んだ。友邦協会はそういうこともやってくれた。無論、友邦協会自身は私らが考えているようなことで資料を残そうとしたわけではないですが。だけど、そういうものを私らが利用し、彼らも利用し、相互関係にありました。

友邦協会で朝鮮語を教えたのは、赤十字会談(＊38)があって、帰国運動(＊39)が起こり、そのときの通訳をやっていた人で、名前は多久安貞、私たちは「たくあん」と呼んでいました、朝鮮にすごく長くいて、いいおじさんですね。戦争中は、情報員としてかなり活躍をした人らしいで

＊37　梶村秀樹
かじむら・ひでき（一九三五〜八九）
日本における朝鮮近代史研究の先駆者の一人。李朝時代から植民地時代にかけての小規模商工業の分析から「内在的発展論」、「資本主義萌芽論」を提唱した。東京大学東洋文化研究所助手を経て、神奈川大学で教鞭をとる傍ら、「現代語学塾」など在野の教室での教育にも力を注いだ。また社会運動の分野でも日韓闘争、金嬉老公判対策委員会、指紋押捺拒否運動などで常に第一線にあった。

＊38　赤十字会談
一九五九年二月一三日、岸信介内閣によって在日朝鮮人の朝鮮民主主義人民共和国への帰還事業の実施が公式決定されたのを受けて、日朝両赤十字の間で協定が締結され、帰還事業は共

す。戦後はそういうことを一切見せないで、非常に好々爺でした。だから植民地時代は朝鮮人の独立運動家とか、朝鮮人の思想犯の、要するに日本からみて悪い奴のスパイをしていた人です。戦後はそうじゃないですよ。すっかり変わって、すごくいい人でした。いろんな話をしましたよ。「安重根は鎮南浦に三階建てのビルを持っていたとか言うけど、あれは嘘だ。あの頃鎮南浦に三階建ての建物なんかなかった」そういうことを言う人です。

研究会に梶村ら東大の学生が入る

友邦協会での勉強会は、週一回、講師を立てて題目に沿った勉強をして講師に質問をするというゼミナールでした。始まって一回か二回目のとき、早稲田の中国研究会の顧問をしていた安藤彦太郎という教授が、その話を聞いて「東大にも朝鮮に関心を持っている学生がいるよ」と言いました。それで彼も入れてやったらという話があって会うことになりました。会ったのは上野のシマという喫茶店でしたね。私と権と宮田が、そこで梶村と会った。それが彼と会った最初です。彼は東大の講師だっ

同で実施された。

＊39　帰国運動
一九五八年から八〇年にかけて行われた在日朝鮮人とその家族による日本から朝鮮民主主義人民共和国への集団的な永住帰国、移住を推し進めた運動。（『北朝鮮へのエクソダス』テッサ・モーリス＝スズキ著、朝日新聞社）に詳しい。

たんですね。そのとき、梶村は真っ黒いジャンバーを着ていました。髪はぼうぼう、メガネの枠がまん丸でね。なんか袖で鼻をこするのか、袖がぴかぴかしていたと思う。そういう本当に飾らない出で立ちで現れて、これが梶村の最初の印象でした。梶村の参加と同じときに東大の武田、北村という梶村の同級生——一年下かな、が参加。早稲田、東大の学生七、八人が中心となってこれに総督府のお役人が参加して研究会ができた。彼らが入って早稲田と東大の連合したサークル、ゼミができるんです。穂積ゼミです。これが一〇年近く続きました。その記録は全部残っています。だれが、いつ、どういうことを発表したか、これが今、学習院の東洋文化研究所に全部残っています。その記録は私もだいぶ持っていますけどね。

宮田もそうですし、私もそうですし、権もそうですし、一〇年ぐらい前に亡くなった琴秉洞《クムビョンドン》も、朝鮮近代史料研究会（*40）のメンバーです。むろん、山辺健太郎さんも講師に来たし、朴慶植《パクキョンシク》も来たし、韓国から留学に来ている人たちも多く来ていました。記録は全て録音されて、学習院大学に全部残っていて、重要なものは活字になって出版されています。

*40　朝鮮近代史料研究会
一九五八年五月、友邦協会理事の穂積真六郎が若手研究者に声をかけて設立した研究会。朝鮮総督府の諸政策の決定・実行

呉越同舟の穂積ゼミ

穂積ゼミは、前後五〇〇回ぐらい続きました。毎週水曜日だったかな、必ず五時半頃から始まって、八時半。三時間ぐらいおしゃべりをして。当然講師はかつて朝鮮支配をした役人たち、豊富な経験を持っている。だけどその頃には我々は唯物史観の立場で、支配者がいいことやったというのはおかしい、とやる。彼らはそれを聞いてはいるんですけど、私らは評価せず批判した。

三・一運動がテーマのとき、千葉さんという三・一運動当時の京城（現ソウル）の警察部長だった人が講師として来ました。警察官だったとか、警察の親玉だったとかいう連中が生きていたんですよ。彼らが来て話をする。非常に臨場感のある話です。彼らは自分たちがやったことは朝鮮のためにいいことだったんだと言います。悪いことは何もしていないんだと、そういう言い方をします。私らは植民地支配というのはそうではないだろうと批判します。そうすると「まあそういうこともあっただろうけど、私たちは善意でやったんだ」と。そのとき出てきた言葉に「善意の悪政」がある。彼らは善意でやったけど我々は悪政だと批判

過程に直接携わった人を穂積の人脈により講師に招き、在日朝鮮人を含む若手研究者の質問に答えるという異色の研究会だった。朝鮮統治の実態と功罪を後世に残すために可能な限り史資料を収集したい友邦協会と、まだ日本のどの大学にも朝鮮近代史の講座がなかった時期に、この研究会を課外朝鮮史ゼミとみなしていた学生たちとの「同床異夢」の研究会であったが、どこか同志的な温かい雰囲気のある研究会であった。五〇〇回におよぶ研究会を運営し、その録音記録四一八本を残している。「公人」といわれる人へのオーラルヒストリーを日本で最初に手掛けた事例。研究会発足九か月後には「朝鮮近代史料研究集成」第一号を発行し、友邦協会が収集した史料の目録とともに研究会の録音記録が活字化掲載された。

しました。

　対立もありましたが、事実は事実として出てくるんですね。そういう意味で非常に貴重な体験をしたと思っています。穂積が私にとっての先生であるし、それから山辺健太郎、この二人が先生ですね。まぁ、宮田も同じですね。宮田は穂積先生に一番可愛がられた。

研究会の運営

　宮田は人をうまくまとめる天才ですね。年寄りのご機嫌を取って気分を良くさせる。そして一を言えば三くらい答える人ですから、いつもリーダーシップを握っていたと思います。その頃は梶村とは一週間に一回必ず話し込んでいたし、宮田とは週に一〇回会っていました。

　本当にね、いろんな仕事があるんですよ。私、宮田、梶村の三人でいろんな先輩、昔の官吏たちと連絡をとったり、それから今度は誰にするかということを穂積と協議して決めたり、そういうことをやったと思います。研究会の度ごとに出席した人間の名前とテーマと概要、それを宮田と私が記録するんですよ。ガリ版切ったり刷ったり。自費出版をしていたのでたいへん忙しかったんです。でもこれは結局無駄ではありませんでした。私は大学の教員からは何も教わっていないけれど、大学の研究会やグループが外から呼んだ先生、それから友邦協会という私たちの自主ゼミから学んだことが非常に多いです。

自主ゼミは開放されていましたから、だれが来てもいいというものです。そこで学んだのが私も梶村も宮田も朝鮮近代史だったと思います。手作りで本を作っていましたね。近藤の奥さんがタイピストだったのでタイプを打ってもらったり。原稿を持って茅ケ崎まで行くんですよ。近藤の家では刷り物をしたり、書き物をしたり、広告を作ったり、そういうことを私たちがやりました。だからそういう意味では、あそこで私たちが担当したのは五、六年ですけど、研究の広さ深さを拡げて行く一番の場所があそこであったと言えます。これは、梶村にも言えることです。

穂積ゼミを振り返る

私と朝鮮史との関わりは友邦協会での研究会が起点です。そこで研究者になろうという気持ちが定まって来たのです。

日本の朝鮮史、朝鮮近代史研究の始まりは穂積ゼミにあったと思います。それまでどこにもないのです。大学がつくらないので、穂積がつくったのです。だから東大、早大から研究している人たちが来ました。それが一〇年間も続いたのです。その間にここを経由して研究者になった者は沢山います。そういう意味で穂積というのは偉大な人だと感じています。穂積がいなければできなかったのです。

穂積ゼミでいろいろ講演してくれた元朝鮮総督府のメンバーは、やっぱり私から見れば日本の保守反動の思想の持ち主です。だけど皆、あそこに来て自分のやったことだけはちゃんと話します。学生はそれについて全く違うという意見を出しますが、彼らは信念を持って学生の言うことは、「異論」として認めます。そういう関係だったと思います。それは穂積がいたからだと思います。そして穂積の下に、近藤釼一という直接学生と関係を持つ人がいたんです。友邦協会の学習会はやはり、日本での朝鮮近代史研究を考える場合には欠かせない場所だったと思います。一〇年間、五〇〇回も続いたんです。

だから戦後の、特に日韓会談以後日本で歴史認識や補償などが問題に

朝鮮史研究会のメンバー（前列向かって右から二番目が親友の金鐘国、その左が順に旗田巍、姜徳相、明治大学にて）

なったとき、穂積ゼミ出身の若者は皆出て行って活動しました。そのことを穂積は喜んでいましたが、他の人たちは苦い気持ちだったと思います。

若くして死んでしまったけれど、あの中に権寧旭がいました。早稲田の学生で宮田と同期だったんです。彼なんか研究者になっていたなら大変な人物になっていたでしょう。ちょっと神経質で、それが禍になって精神を病んでしまったのです。それで研究会を外れたんです。彼の初期の論文などはすごいものでした。特に土地問題をやっていました。

いろんなことがありました。権が病気になった原因は恋愛問題です。日本人との恋愛です。あそこで恋人ができたんです。その恋人は大学教授の娘で東京の大学にいたそうです。それで、こういう研究に関心があって、参加するようになったんです。やがて二人は仲良くなるんです。結婚しようという話になったんではないですかね。娘のお父さんの大学教授は反対なんです。それで穂積のところに来て「権君との結婚は反対」と言ったんです。そのことで権は悩んで、病んでしまったんです。

私たちの時代、一番悩んだのは日本人との恋愛問題ですね。言えないで割れてしまう、という悲しい思い出です。権は結婚しようと思ったのに潰れてしまった。僕の場合はそこまでは行かないで潰れてしまった。

早稲田大学院修士課程の卒業

私は経済史専攻のゼミに入りました。入交好脩《いりまじりよしなが》という著名な学者のゼミで、入りたがる学生がたくさんいました。研究課題はマニュファクチュアから資本制。テーマとして一番基本のものは、足利、桐生といった日本の綿、絹の織物の産地で、マニュファクチュアから資本制に移っていく過程を扱うものです。ゼミ生はみな、それをやっている。報告もそれでです。僕はそんなもの、全然関心ないからゼミに出ていかない。そうすると出席が悪いから、修士の院の学位請求の単位が不足していた。秀が三、優が二、良が一、可は〇。私は〇がたくさんある。いくらほかの単位を取っても学位請求の単位一・五に満たない。論文を出せない。それで先生が諦めたのか、先生から「おまえ、単位をやるから、課題をちゃんと書いてこい」「最後の講義はとにかく出ろ」と言われました。それで論文の課題は、イギリスで資本制以降に関する二人の研究者――遠山井上論争というのがあったのですが、その論争をまとめるという課題でした。そして先生の講義に出たということで単位登録してもらいました。先生が両方とも秀をくれました。それでようやく、学位請求の単位に達した。そうして修士論文を出したということがありました。先生には迷惑かけた、ぐうたらな学生だったと思います。

第4部
研究者として歩みだす

法政平和大学にて講演（1983年6月18日）

朝鮮史研究会の発足

朝鮮史研究会（＊41）は友邦協会の「朝鮮近代史料研究会」を母体として一九五九年にできるんです。友邦協会で勉強した宮田や私や梶村なんかが朝鮮近代史を引っ張って行く原動力になったと思います。それに今まで研究会をやってきた少し先輩の人たち、朝鮮史を勉強していた者が集まりました。それが東京でできて関西では中塚明さんたちがそれに呼応する形で関西部会をつくり、これが合同する形で全国的な組織になります。

第一回大会はたぶん六〇年か六一年。第一回の研究会報告は私がやりました。テーマは自分の研究そのもので、貨幣条例についてやりました。その頃貨幣の勉強をしていましたからね。朝鮮史研究会では年次報告を出していますね。全国組織になりましたから、幹事がそれぞれのところから出て来る。最初は朝鮮人二人、日本人二人でした。会長は、最初は青山公亮先生、明治大学の教授だった先生です。その後、青山先生が辞めた後、旗田巍が会長になります。そして、最初に幹事として日本人側からは宮田節子の関係者が出たと思います。朝鮮人側では誰がいたかな、

朝鮮学会会場受付・天理ホールにて（朝鮮史研究会ができる前、天理大学に「朝鮮学」があった。向かって右が梶村秀樹、その隣が姜徳相、二人おいて宮田節子）

＊41　朝鮮史研究会
一九五〇年代初め、金鐘国が都立大教授であった旗田巍を訪

徐台洙《ソデス》という高麗史の人ですかね、青山先生のお弟子さんでした。幹事は一年か二年で交代します。梶村も幹事になりましたし、私も幹事になりました（六三年）。そういうことで、日本人二人、朝鮮人二人の形で大会などを決める、あるいは大会の報告テーマを何にするかなどを決めるという会則ができました。

私が明治の大学院に行ったのは朝鮮史研究会がいつも明治で開かれたからです。青山先生が研究室を開放されていました。このとき私は行くところがなかったので明治の博士課程に入りました。宮田も、早稲田から明治の大学院に入って私と同じ青山先生の下で勉強をした。でも青山先生は高麗史ですからね、漢文しかやらないんです。それで先生の研究室を私らが占拠したんです。それが実態だと思います。

帰国運動と見合い結婚・弟の帰国

帰国運動というのは、急速に在日世界に大きな地殻変動を起こしました。これには非常に大きな背景があります。あのとき六五万のうち一〇万人が帰りましたね。どこでも一族の中で誰かが帰って行く。私のとこ

ねて来たことを契機に都立大で「高麗史・食貨史」の演習が始まる。ここに外部の研究者や学生も集まり、これが創設期の研究会を形作ることとなる。またこれとは別に、五八年五月七日には友邦協会の中に「朝鮮近代史料研究会」が発足し、学習院大学の東洋文化研究所では、末松保和を中心とする「李朝実録を読む会」が作られ、そこここに朝鮮に対する研究や関心が芽生え始めていた。そのような動向を背景に、旗田ゼミの中から東京近郊の朝鮮史研究者が集まって研究会を作ろうという意見が出た。五九年一月、旗田が、青山公亮、末松保和に相談し、田中直吉が加わりこの四人を発起人として朝鮮史の科学的研究を目的として東京で研究会が設立された。これに呼応して関西でも研究会が作られ、後に合同して全国組織となった。

ろは、弟夫婦が帰った。

私の親戚は戦争が終わったときに故郷の南に帰りました。親父の弟やおふくろの弟、みんな帰りました。そして私たち家族だけが残った。それから一五年後、また家族が分かれる状況になったわけです。このころ、どこの家でも年頃の者は皆身を固めろという話になりました。

私は六〇年の五月三一日に見合いをしました。そして七月一一日に結婚式。見合いから結婚までたった四〇日です。弟が北に帰ったのが、八月の二一日。そして女房（文良子《ムンヤンジャ》）の家族が帰ったのが、九月の一五日くらいです。女房の実家では適齢期の娘を早く片づけたい、うちの親父は私の結婚を弟に見せたいと、それぞれの家族が帰国する前に急いで娘、息子を結婚させたわけです。見合いから結婚まで四〇日しかありませんから、これは冒険と言えば冒険で、まあ、性が合ったので一緒にいます。そうでなければ、とっくにけんか別れになっていたでしょう。実際にそういう例もたくさんありました。こうして北へ帰るという問題が民団、総連に関係なく在日の分断を起こしたと言えます。

帰国問題というものが、在日社会にどういう影響を与えたか。ただ帰ったという問題ではなくて、在日社会の崩壊です。その後、再構築しなければならない。私から言わせれば、最も朝鮮人らしい一〇万の朝鮮人が帰った。民族愛、祖国愛、そういった自覚を持った者が帰った。だから、そういう意味で総連なんかは大きな損害を被ったと思います。ですから在日社会では帰国問題というのが大きな分岐点ですね。

弟が帰国してから親父も帰るつもりでいたようです。親父は弟が帰ってこいと言えば帰る、そういう考えだったようです。親父は桐の種をたくさん持っていって、向こうへ行って桐畑を作りたいと言っていました。親父は自分の故郷じゃないですけれど、「自分の国」というところに帰ったときには、やりたいことはそういうことだと私にもらしていました。帰るつもりでいたと思います。ところが、弟から来た手紙は、「来るな」ということでした。その弟も一〇年前に亡くなりました。

そこに帰国運動というものの落とし穴というか、まやかしがあるということだと思います。その現実等は我々に知らされない。朝鮮総連も一緒になっていますけれど、日本当局、あるいは日本の左翼も帰国をあおり立てましたね。

母の経営していた「みつなか」食堂店先にて、妻・文良子とともに（一九六三年頃）

拉致問題の責任者で「救う会」の初代会長をやった佐藤勝巳、彼は新潟県の日朝協会の「新潟支部事務局長」でした。総連べったりで共産党員ですよ。それがあるときからころっと変わりました。坂本孝夫（ペンネーム萩原遼）というのもいましたね。大阪外語の第一回の卒業生です。やたら朝鮮民主主義人民共和国を持ち上げ、赤旗の駐在員になって、帰ってきたらころっと変わっていく。読売グループ会長もそうだったですね、思想なんてころころ変わっていく。

まぁ、帰国運動というのは日本政府からすれば要するに邪魔者を送り帰せということなんですよね。総連が向こうの労働力にさせるという意味で乗っかってやったという、日朝両方、五分五分の産物だと思います。テッサ・モーリス＝スズキさんの書いた本がありますね。『北朝鮮へのエクソダス――「帰国事業」の影をたどる』。あれが真実です。あの頃の日本赤十字社の資料なんかもみなさんが集めて分析をされるとそれがよくわかるだろうと思います。私自身いつも思うけれど、あの一〇万人は最も朝鮮人らしい朝鮮人です。彼らが残っていたら、在日朝鮮人はまた違った様相になっていたと思います。

日本の敗戦直後に、まずものすごい混乱があって同胞社会が崩れて行くという現象がありました。約一年半の間に二四〇万人が六五万人になった。あの頃、日本の政府は帰国対策なんか全然立てませんでしたから朝鮮人は我先に帰るという先を争っての帰国で、暴風雨の中で船が沈没するというような事故がたくさん起きています。帰国を急いだ理由の一つには、日本人が引き揚げるから、空いたその日本人の家に早く入れるという、そういう利己的な考えもあったんだと思います。それからもう一つは、日本に居ることがつらい、棍棒で殴られる、たたかれるから早く帰りたいということです。あの頃の在日社会では、関東大震災（一九二三年九月一日）の二の舞があるから日本人には気を付けろ、とみんな思っていました。

　このことについては、滋賀県立大の朴慶植文庫の中に日本の敗戦前後の警察資料が残っています。それをご覧になると不穏な動きについてよくわかります。特に炭鉱の町などは集団で残っているのでそうでした。日本の社会の中には朝鮮人に対して差別があるし、無論、朝鮮人のほうでも、そのような要因はあったかも知れません。解放されたことで「戦

帰国した弟・徳勲とその家族（母が共和国訪問したときのもの、右の写真は母と徳勲、一九七六年頃）

勝国民」として大手を振って歩く、電車などはただで乗ってしまうというようなことはありましたから。そのときに日本人は「飼い犬に手をかまれた」というようなことを言いました。日本人にするためにあれこれ美辞麗句を並べて戦争に協力させたけど、負けてしまったら地が出て来る、日本の朝鮮観の根深さですね。今がまたそうですよ。

梶村秀樹の内在的発展論

代々木病院の看護師さんの紹介で山辺健太郎に出会ったことをお話ししましたが、山辺健太郎は資料の神様です。けれども彼は決して歴史資料を貸す人ではありません。これは企業秘密だと。ただし、どこそこにあるよと教えてくれて、そこへ行って足で探せというのが山辺健太郎の教えでした。だから資料探しをするときには、山辺の腰巾着みたいな形でくっついて、赤坂の国会図書館から上野の国会図書館（国立国会図書館支部上野図書館、現在国際子ども図書館）まで、とにかく彼にぞろぞろとついて行きました。梶村も私も得をしたのは、あの先生は図書館の主だったからなんです。上野の図書館の話をしますとね、上野の図書館は学生がたくさん利用するので、受験期なんかは並ばないと入れない。三時間も四時間も並ぶ。ところが彼は特権があって裏から入れるんです。すっと入っちゃう。私らもそれにくっついて行って、お弟子さんみたいに、腰巾着みたいについて行く。山辺さんはしょっちゅう本を借りたり返したりするでしょ、ついに出納係がめんどくさくなって「書庫へ入れ」と言う。そういう特権があったんです。私らも子分みたいにその特権を享受したんです。普通なら検索ではかからない、分からない資料がいっぱいあるのに、新しい資料がどんどん出てくる。どうして今までこの資料が使われなかったのかと驚いたものです。一つは外交文書、それと官庁が作った通商彙纂、通商彙編、これは経済史です。鉄道を敷くとか、河川の流域を調べるとか、どこにどんな産物があるかとか、そういうことです。それを明治の初めに朝鮮のことをもう調べてあるんです。それがそこにありました。でも表には出なかったから知られていないんです。それ誰も使っていない。それが出てきて、それを借りて積んどいてこれからどうするかとなった。

資料である通商彙纂をどう使うかということで、梶村と二人で分業することにしたんです。二人で同じ資料を争ってもしょうがない、梶村は生産をやる、私は流通をやる。そこから、梶村の内在史観が生まれるんです。

梶村が提唱した「内在的発展論」は、朝鮮にも普通の国の歴史発展があるんだというものです。それを発見しました。それまで朝鮮は未開発だ、封建時代だと言われ、平安時代なんだと言う人間もいました。そうではない、普通の国の歴史発展があるということを梶村は提唱した。彼はいくつかの関連する論文を書いて、最初の著作が、七七年に出た『朝鮮における資本主義の形成と展開』です。これは内在論です。マニュファクチュアから始まる、立派な本です。彼はそれをやるわけです。「朝鮮にも自主的な近代があった」ということを彼は研究するんです。綿作綿業、マニュファクチュアで綿を生産していく過程を研究するんです。内在史観です。

私もそれにならって、貨幣の流通、貨幣論をやる。朝鮮貨幣、銅銭ですね。それが日本の円銀に支配されていくその過程なんですが、その流通過程の中で近代化を求めようとしたのは、私の馬鹿な選択でした。それでも論文を歴研とか駿台史学とかその他のところに六、七編書きます。そして日本がやった明治三七、八年の朝鮮貨幣整理までいくんです。この貨幣論は、日本の侵略、山辺さんの歴史観を補強するためにはすごくいいんです。だけどこれで一つの本にまとめても内在論につながらない。これをやるためには、貨幣論とか、資本論とか、都市論とか、商人論とか、そんなものをふくめてやらないとできない。梶村は資料を活用して生産段階を研究しそれに成功して内在史観を立てるんですが、私の貨幣の流通の研究ではできませんでした。六、七本論文を書いているうちにこれはダメだと気付き、もうそれ以上論文は書けないと認識しました。

私や梶村は、山辺の研究を「朝鮮人の側からの研究ではない」と批判していました。だけど私がやっている貨幣論は、山辺と同じ、侵略論ではあるが、朝鮮人が出てこない。私は貨幣論を内在論に結びつけて展開できない。困ったと迷っていたときに、朴慶植(＊42)に出会うのです。

今歴史家がやらなければならない仕事

朴慶植は朝鮮学校の教員をしていました。妹の担任だったので知って

＊42 朴慶植 パク・キョンシク（一九二二〜九八）

朝鮮慶尚北道で生まれる。一九二九年両親と共に渡日、四一年日大高等師範に入学、卒業後東京都で国民学校教師になる。四五年退職。

四六年東洋大学文学部史学科に編入学、四九年卒業。四九年四月より六〇年三月まで東京朝鮮中高級学校で社会科を教える。その後七〇年三月まで朝鮮大学校で歴史地理学部教員として教

はいたんですが、その後、彼は朝鮮大学校の先生になっていたので、縁がありませんでした。彼の家を訪ねるようにと案内してくれたのは金《キム》鐘国《ジョング》(＊43)という僕の友人です。私より一つ年上で、北に帰り（一九六一年）、その後消息不明になりました。

この友人は私に在日の根性、在日とはどういうものであるべきかというのを植え付けてくれた人です。私が一番好きだった、心を打ち明けられた友人でした。私が朝鮮史を勉強するころ、旗田巍というお大尽の先生がいるということで訪ねていくと、彼は旗田先生のところで高麗史を勉強していました。非常に漢文のよくできる男でした。そしてとにかく鋼のような思想を持った人です。彼の生い立ちを考えるとまさにそうなると思います。その彼から私は在日朝鮮人の生のあり方を学びました。私は近代の貨幣史をやり、彼とは勉強ではあまり関係なかったんですが考え方については大いに影響を受けた人間で、私の恩人です。

金鐘国と私の共通の友人に琴秉洞がいて、琴秉洞の紹介で朴慶植の家に行きそこで再会することになるんです。そのときちょうど私は貨幣史が行き詰まっていて、そのことを話したと思います。そしたら朴慶植が

育に携わる。その間六三年には関東大震災時の朝鮮人虐殺を明らかにした研究書、六五年『強制連行の記録』を出版し、日本社会に植民地支配の歴史の事実を明らかにした。七六年には、在日朝鮮人史研究会を組織「在日朝鮮人研究」誌を編集刊行、七八年にはアジア問題研究所を設立し「朝鮮問題叢書」編集刊行した。晩年は「在日同胞歴史資料館」建設に力を注いでいたが、九八年二月一二日交通事故により逝去された。

著書：『朝鮮人強制連行の記録』『天皇制と在日朝鮮人』『解放後在日朝鮮人運動史』など多数。

＊43　金鐘国

キム・ジョング（一九三〇〜）

民族系金融の同和信用組合の集金の仕事をしながら、高麗史を研究した。一九五〇年代初め都立大の旗田巍を訪問して「高

「自分は今、朝鮮人強制連行をやっている、だからそれを一緒にやろう」という話をしました。

彼はそれを「時務の歴史」だと言いました。「時の務め」、つまり「今歴史家がやらなければならない仕事」という意味です。その頃は、学校教育法案とか外国人学校法案とかね、そういう教育に関する法案が出て、朝鮮人への締め付けが激しくなってきたときです。外国人登録法違反とか頻発していた頃です。そのときに彼は朝鮮大学校の教員をしていたんです。それで「強制連行の研究を時務の歴史として俺はやる。朝鮮人が日本に住んでいるのは、自分で好きで来たわけじゃない。連れて来られた。これは日本の国家責任だ。それを明らかにするということだ。我々は地から湧いたんではない、天から降ったんではない。日本の政策によって来た人間だ。責任は日本にある。それを問うのが時務の歴史だ。我々は日本に住む権利がある。それを訴えることが歴史家のやることだ」と言いました。全く同感です。ただ彼と一緒にやるということは、自分にはそれだけの力がなかったからお手伝いだけになってしまいます。それで朴慶植と一緒にやっていいのかなって、そういう感じがあったのは間

麗史・食貨史」演習の契機をつくり、さらには、朝鮮史研究会誕生の契機ともなる。

　六二年六月、新潟港からトボリスク号で共和国に帰国した。

違いないです。

　躊躇しているときにも、国会図書館にはしょっちゅう行っていました。建部きよこさんという仲の良い国会図書館の司書がいて、私よりずっとお姉さんでしたけど親切にしてくれました。国会図書館がまだ迎賓館にあったときで、新しい資料の中にアメリカから戻ってきた返還文書があると教えてくれたんです、返還文書とはGHQが押収していった日本の公文書です。陸軍のものはかなり焼却されているのでないけれど、海軍のはだいぶ残っていてそれがマイクロフィルム化されていました。

　それを見せてもらったら、えらいものが出てきた。そのとき発見したのが関東大震災の公文備考。これは大変だと思った。関東大震災の話は親父からいっぱい聞いていたので、「こんな資料がここに眠っているんだ、これはちゃんとしなくちゃ、と思った。これは私にとっての「時務の歴史」だ、一つの資料として残すべきだとそのとき思ったのです。

関東大震災時の朝鮮人虐殺

　まず資料を公開して出しておくこと——これは論文を書くより先だと

思いました。よくうちに来ていた琴秉洞が、うちのおふくろとすごく仲が良くてね、親のお守がうまいから母に気に入られていました。その彼も歴史に興味がある、古本に通じている。それで、神田の古本屋で集めたものや自分が持っていたものを全部提供してくれて、官憲文書と、震災に関係する町のものを集めて、二、三年かけてまとめました。それが一九六三年に出た『現代史資料』です。

これが出るとかなり世間が騒ぎました。びっくりしたんでしょう。当時「日本読書新聞」や「図書新聞」に大きく出て刺激を与えたと思います。膨大な資料を丁寧に読み解くと大体わかるでしょう、起承転結がね。それをもとにして続けて三本の論文を書くわけです。それが関東大震災の現代史資料が出る前、七〜九月の「歴史学研究」「労働運動史研究」「歴史評論」、三本出した上に『現代史資料6　関東大震災と朝鮮人』をみすず書房から出したわけです。

同時にその頃、朝鮮大学の朴慶植がやっていた『1923・関東大震災朝鮮人虐殺の真相と実態』の資料集が出ますよね。そういう形で関東大震災の問題が表に出てくる。関東大震災から四〇周年です。私は別に関東大震災の研究者になろうと思ったのではないけれど、見つけた資料の中で何をしようかと思っているときに、これが時務の歴史だと思ったわけです。そしてみすず書房が『現代史資料』をずっと出していくから、「それじゃその後に、三・一独立運動の資料もあるからそれも編纂します」ということになり続くんです。一〇年ぐらいかかりました。その間時々論文を書いていました。それは、自分の頭の中から論文や本になって一つ一つ出てくるようでした。

友邦協会で「関東大震災朝鮮人虐殺」発表

私の「関東大震災に於ける朝鮮人虐殺の実態」が六三年に「歴史学研究」に出ますね。あれは雑誌に出る前に原稿を友邦協会で発表しているんです。このとき、穂積が「お前の主張は一方的でいかん。今生きている人がたくさんいるからもっと話を聞いてこい」と紹介状を書いてくれました。これが正力松太郎と後藤文夫と品川主計の三人です。それで会いに行くんですが、三人とも断られた。それから二回目の発表をしたんですが、それもだめ。そして三回目でようやくパスをした。それが「歴

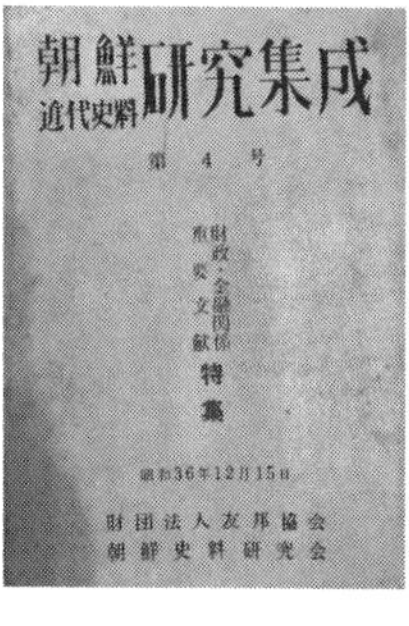

『朝鮮近代史料研究集成』第4号（一九六一年一二月一五日）

史学研究」に載りました。それから朝鮮総督府の警務局長だった田中武雄という人がいます。この人が私の話を聞いてくれて「この事件は日本の朝鮮統治がこれで終わりかと思わせるような大事件だった」と言っていました。田中は総督府のたいへん高位だった人で後に政務総監になった人です。

五〇〇回続いたのは、やっぱり穂積の力だった。彼と田中武雄ですね。ただ彼らがそこにいた理由もあるんです。

一つは、朝連（在日本朝鮮人連盟）が一九四九年に解散になって財産を全部日本政府に没収されたとき、日本政府は朝連の財産をどこに使ったかと問われ朝鮮人の生活保護に使ったと弁解したんです。そういうこともあったでしょう。だけどもう一つは、朝鮮統治の総括をやる一つの団体を作ろうとした、それが友邦協会なんです。穂積は当時参議院議員だったことと朝鮮総督府に長くいて朝鮮の事情をよく知っている。だからそういうことをやるのに適任でした。そしてその原資は朝連の資産だったということです。それは崔という会計をやっている人がいて私にその話をしていました。実際にね、朝連は強制解散させられて民戦（在日朝鮮統一民主戦線）に変わるでしょ。民戦に変わったときに、狛江に朝連が持っていた講習所の所属をめぐって、民戦と日本政府が裁判をやっていました。民戦が日本政府を訴えたのです。結局、裁判に負けて友邦協会の財産になってしまいました。日本政府が勝手に押収したのだと民戦が裁判で訴えていたのを覚えています。

友邦協会から社会へ

友邦協会の穂積ゼミは日本の朝鮮近現代史研究の原点でした。あの頃、どこにも朝鮮史、朝鮮近代史のゼミなんてありませんでした。ですから、韓国からも留学生が来るし、外国からもいろいろのところから学生や研究者が入って来ました。途中で私たちが出てしまったあと、関西にも朝鮮史研究の場ができたり、新しい人が入ってきたりして、少し変わって行きますけど、少なくとも、私たちがいた五、六年は、朝鮮近現代史のセンターであったと言えるでしょう。

その後私たちは社会のいろいろなところへ呼ばれるようになります。日韓会談前後にはいろいろあって、ジャーナリズムが朝鮮の問題を取り上げてやろうとするときに梶村、宮田、そして私も呼ばれて出て行く。当時、大橋巨泉とかが司会していた11PM(＊44)という番組（一九六五年一一月〜九〇年三月）がありましたね、あれには、私、梶村、宮田、全部出てます。私は二回出たと思います。

こうして友邦協会で勉強した連中があちこちで成果を発表する、そういうことで活躍舞台が社会的に広がっていきました。六〇年代、特に日韓会談前後から広がっていったという感じがします。ただし、私たちは、親しくしていてもみんな個人的につながっている関係でいました。だから発言も個人の責任においてです。そして梶村は教職に就く。最初は、おそらく高校か何かの非常勤をやっていて、それから和光大学で朝鮮史を教えることになりました。和光が初めて朝鮮史という題目で講座を置いたのではないでしょうか。朝鮮近代史だったかな、そういう科目を作った戦後初めての大学です。梶村は二年か三年経って神奈川大学の専任になった。その後に私が和光大学に入りました。

＊44　11PM　イレブンピーエム　一九六五年一一月から九〇年三月まで日本テレビと読売テレビの交互制作で放送された日本初の深夜ワイドショー。

在日本朝鮮人社会科学者協会

その頃、私は梶村、宮田たちとは別に、金鐘国や琴秉洞など在日の研究者たちとともに社会科学者協会（＊45）にも参加していたんですね。

科学者協会の中に歴史部会ができるのは友邦協会での勉強会が始まるちょっと後だったかもしれません。歴史部会というのは朝鮮大学教員だった金鐘鳴がキャップだったと思います。一番年配者だったからね、この方が中心になって、その下に朴慶植、李進熙、徐台洙、明治の青山公亮先生のもとで高麗史をやっていらした方です。朴宗根《パクジョングン》、閔妃《ミンビ》事件の本（『日清戦争と朝鮮』）を書いた人ですね。それから呉在斗《オジェド》、それから、金己大《キムギデ》、朝鮮問題研究所の所員になった男です。京都大学を出た男です。あと権君、権寧旭。私と早稲田で研究会を主催しました。彼らが参加したと思います。

これらがおって、それで、研究サークルを月に一回か二回やっていたんですね。本国の政治への関心とは関係なく、そこに行くと平壌で発行されている「歴史科学」だったかな、月刊誌があるんです、日本の「歴研」みたいなね、そういうものが配られるんです。一般の人にはなかなか

＊45　在日本朝鮮人社会科学者協会
一九五九年六月創立、在日朝鮮人の社会科学者と専門家を網羅した大衆的な学術研究団体。

か手に入らないものです。だからそういうところへ出て行って、もらって読む。それから先輩たちのいろいろな発言を聞くと、耳学問ですけれどいろいろ学ぶことが多い。そういうことがあったと思います。私らがそこで発表するということはあまりなかったと思います。それが何年か続きました。

一九七二年、高松塚古墳で壁画が発見された頃です。その壁画が平壌にあるのとよく似ているので、それの模倣じゃないかとか、そんなことで国際会議があったり、かなり大騒ぎしていました。平壌から学者が来たりして、日本の学者と対談したりする、そんなことがあった、そういう時代だったと思いますね。

権と私と、京都から来た金己大、この三人を除くとあとの人たちは全部、植民地時代に日本に来ていた留学生です。朝鮮で小学校、中学校を終えてきた人、だから朝鮮人としての素養をみな持った人です。私と権君は一番中心にいましたが日本育ちです。違いは向こうは朝鮮語をしゃべる、朝鮮語でものを考える、朝鮮の文化、風習というものが身になっている人たちです。私らは日本育ちで、皇民化政策の中で皇国少年でした。私らは母国語を理解はできるんです、カタコトのしゃべりはできる。だけど自分の考えを朝鮮語ですらすら言えない。そういうことにある面で劣等感を持つ。

先輩らは自分の言葉で自分の思想、体験を語る。そして食事から何から生活が朝鮮式になっている。民族的なんです。この違いがあった。そしてそこから発せられる歴史認識、これが違うんですね。そういうことを痛感したということがあります。

私たちの世代のあと、朝鮮学校ができて、そこで民族教育を受けられるようになったのですが、あの頃に限って言うと年の差は四、五歳だけど私らと質の違いはうんとあった。その違いというか、差のようなものが勉強会の場で出てきました。民族の体臭というのかな、それに圧倒される。それに付いていかなきゃいけない……、そういう、ある面で劣等感を伴った変な愛国心というものがあったと思います。また私の日本に対する目。権君はどうか知りませんけれど、私と同じ境遇にいた人間の日本に対する目と、本国で育った人の日本に対する目というのは、違っている。私らのは厳しいんです。自分を取り戻すために苦しんできたからです。その違いを微妙に感じました。

これは宮田が言ったことですが、共通の友だちがいたんですね。同じ早稲田で私と同期の南《ナム》君です。中学四年のときに朝鮮から日本に逃げて来た。向こうでいろんな事件に巻き込まれたのです。その彼が語る日本と、同じ世代でも私が語る日本、これは宮田からみると、私のは南君より日本に対して「キツイ」。

それを聞いて私の友人が言った言葉があります。

差別はあった、植民地の朝鮮でも。学校では皇国臣民ということをいろいろ言われたけれども、部落に帰ってくると俺たちのほうが多数派なんだ、俺らはそこでは「倭奴」とかやり返していた。こういうことを言いました。

彼らには、そういう意味での民族としてのつぶしがたいものを持っていて、それが日本に対する見方の違いになっている。それに比べて僕のはずっと厳しいんですね。多数派になる場がなかった、だから余裕がない。同じことを発するのでも。南君はそこまで言わない。そういう違いです。これを宮田は微妙にかぎわけていたのですね。

歴史部会に参加して、三、四年一緒にやった中で感じましたね。それが私の文章だとか、そんなことの中に違いとして出てきていると思います。全てを奪われた者ですね。そしてその中からくる、奪った者に対する感情ですね。余裕を少し持っていた人たちは、そこまで言わなくてもいいという、その微妙な感覚というのはあると思う。私の書いたものはかなり厳しいですよね、日本批判とか。私が厳しい言い方をするのは、おそらくそんなところにあったのかなということを今になると思います。その微妙な違いを感じ、彼らの存在がまぶしかったです。流暢に自分の言葉で自分の歴史観を語る人たちがまぶしかった。

私のテーマというのはいろんなことをやりましたけれども、やはり被害者としての告発ですね。

関東大震災もそうですし、それから三・一運動も単なる運動ではなくて、ここから多くの犠牲を出したんだ、過酷な支配をする日本はいったい何だったか。これは日本という国の弱さの表われだと私は思っているんです。

科学者協会での活動をいつまで続けたのか、よく覚えていないですね。

そこの主要なメンバーの一人の金鐘国さんが北へ帰ってしまったためだったのではないでしょうか。残った人たち、姜在彦さん、朴慶植さん、李進熙さんは総連の政策変更か知りませんが、総連の政治的な姿勢が変わるという中で対立するというか、排斥されるということがあったので、自然消滅になりますね。それがいつだったか、わかりませんが、それとダブっていると思います。

斉藤孝先生との出会い

　私がちょっと勉強しだして、少しものを言うようになって『関東大震災と朝鮮人』の本を出版した直後からそれをもとに「歴史学研究」「労働運動史研究」とかに続けて何本か論文を書きました。同じ頃、世界でアウシュビッツでのユダヤ人虐殺の話が明るみに出てくるようになった。そうすると戦争中のいろいろな民族虐殺の話、中国の南京事件も出てくる。そういう中で参議院会館で羽仁五郎さん（当時参議院議員）が中心になってシンポジウムをやったんです。そのとき呼ばれて私が関東大震災の話をするということになりました。まあ晴れ舞台ですよね。それなのにこっちはあがっちゃって何を話したらいいかわからないという落ち着きのない状態になった。そのとき、司会が斉藤孝(＊46)で、彼がうまく話を引き出してくれて、それで私の晴れ舞台にできたんです。そこから斉藤と賢兄愚弟の関係ができる。

斉藤に出会ったことで、私は学問の世界で自分の存在を知ってもらえるようになりました。斉藤は東大の世界史、西洋史の権威です。そして歴史学研究会の委員長もしていた。政治的にも力があり、学問的にも深い学識を持っている人です。その子分になったわけです。斉藤には子分がたくさんいました。その子分同士の集まりの中に僕が入っていくわけです。斉藤の教え子たちはみな優秀ですね。歴研のメンバー、今はもう七〇歳を過ぎている人が多いですけど。西洋史から日本史、東洋史も含めて全ての領域で彼の影響を受けた人はたくさんおります。それで私も歴史学会で名前が知られるようになったと思います。

これは「斉藤孝先生の思い出」(「斉藤先生を偲んで」)の中に書いたことですが、いろんな学問的な指導を受けるなかで、なぜ自分が朝鮮に関心を持ったかということを話してくれました。そのときに小林勝の名

＊46　斉藤孝
さいとう・たかし(一九二八〜二〇一一)
スペイン史を専門とする歴史学者、国際政治学者。
東京大学教授を経て学習院大学で教鞭を執り、東洋文化研究所の所長も務めた。東アジアとの関わりの始めは、都立高等学校時代に小林勝と寮生活を共にし、彼の朝鮮への思いを間近で目にして記憶に留めたことだった(小林勝にとっては斉藤孝が共産党入党の契機となった)。さらに、冷戦下のベルリン留学時代には、軍事独裁政権下の韓国からの留学生と出会い、その留学生が後に韓国で処刑されたことによって斉藤にとって「朝鮮」が絶えず関心を払わねばならないものとなる。

前が出てくるんです。

当時、斉藤と小林勝は高校の同級生だったんです。それで小林から朝鮮のことをたくさん聞いている、そういうことを斉藤が私に話をするわけです。私も小林については思い入れがあるんで、私にはこういう思い出があるという話をする。そういうことから斉藤が賢い兄で私は愚弟という関係で五〇年付き合いができた。だから小林というのは斉藤と私の仲を取り持ってくれたという関係もあった。斉藤は朝鮮史を小林からよく聞いて知っていて私に関心を持ってくれたんですね。

その後、斉藤は東大闘争（＊47）で学生の停学退学に反対して東大教授をやめて学習院に行くことになります。

友邦協会の史資料が学習院大学へ

一九七〇年に穂積先生が亡くなり研究会もなくなった。すると、これまでの史資料をどこに持っていくかということになり、いろいろなところから手が上がりました。最終的には学習院に落ち着いたんですが、そこに行くまでいろんなブローカーのような者たちがたくさん入って来ま

＊47　東大闘争
一九六八年一月末に医学部の学生・研修医が、研修医制度を巡って教授会と対立し、無期限ストライキを決行。六月には一部の医学生が安田講堂を占拠、二日後には、本郷キャンパスに機動隊が導入。これを受けて圧倒的多数の学生が立ち上がり、一〇学部中八学部でのストライキと一万人規模の決起集会が開かれた。この日、東大闘争が始

した。

一人は、当時韓国から来た男で、金なんとかというKCIA崩れの男です。これが、「韓」という雑誌を発行していて、その雑誌を出す上での研究所を六本木に作っていました。彼は金を湯水のように使っていました。そのおかげで神田の古本屋の値段が暴騰して、我々はえらい迷惑したものです。彼は大阪で金儲けした韓国人で事件を起こして刑務所暮らしもしています。この男がスポンサーになって、友邦協会の本を全部買うという話まで出ました。そいつの手に入ってしまうと、研究はこの先どうなるか分からない。この男の金はKCIA、朴正熙《パクチョンヒ》から出ていたと思います。朴正熙政権が崩れてから、その研究所はなくなりました。本の爆買いも止まり、彼は韓国に帰ってしまいます。

もう一人、日本人の側ではちょうどこの頃、教科書問題で右翼が出て来た頃ですが、獨協大学のドイツ文学の先生だったか、朝鮮のことを何も知らない人が出て来て友邦協会の史資料を管理して整理すると言い出したこともあります。それで宮田と私が大反対しました。そういうこともありました。


まったとされる。総長の引責辞任や全学共闘会議（全共闘）とその他の学生との施設封鎖を巡る対決など紆余曲折を経て、六九年一月学生と大学当局との間に確認書が締結され、「全構成員による新しい大学自治のあり方」が示された。

斉藤孝と学習院東洋文化研究所

友邦協会の史資料は結果的には友邦協会の理事だった水田直昌（朝鮮総督府財務局長）が学習院の理事ということもあって、学習院に寄託されることになりました。それが決まるまでには学習院の教授だった斉藤孝の果たした役割も大きいと思います。

斉藤はうんと親しくて仲のいい私の先輩でした。学習院の東洋文化研究所でスペイン、ヨーロッパ史の研究者でしたけど、朝鮮問題に非常に関心を持っていて彼が主催する形で朝鮮史の勉強会をやっていたんです。そういう背景もあって友邦協会からの話を東洋文化研究所で受けようという話になったのだと思いますが、斎藤も大きな力になったと思います。

史資料は学習院で活字化して「東洋文化研究」に掲載しています。宮田が監修という形でそれを本にすることをしていました。元気な頃は録音テープでだれが発言したか分からない声があると、「これが誰の声か、あなた判断してよ」と私に聞くことが何回もありました。もう何十巻と出ていますよ。これは戦後の日本での朝鮮近代史研究のレールを敷いたといっていい、大きな仕事だったと思います。そのときの資料は全て学習院にあります。本になっているものもありますし、本になっていない膨大な資料もあります。

今、学習院の研究所には若い人たちがいますが、彼らは研究所の経緯を知りません。大きく取り上げたのは今から二〇年くらい前、朝日新聞が友邦協会の仕事を載せて、経緯を書いたことがありました（二〇〇〇年八月八日付）。ここに端のほうで私がコメントを述べ、宮田もコメントを書いています（＊48）。一九四五年までの日韓関係というものを考えるのに基本的な資料だと思います。当時の当事者（統治者）が語っているものですからね。その当事者が言ったことを学生が聞いて、おかしいぞと突いているわけです。それでまた答弁を引き出そうとしていて、貴重な声を残すことができたと思います。

文化センター・アリラン（第5部参照）に、斉藤が退職されたときに自分の持っている朝鮮関係の本を寄付してくれました。その縁でアリランの最初の理事を斉藤は亡くなるまで務めてくださいました。

＊48　朝日新聞　記事のコメント

「記録の多くは、若手研究者と総督府関係者の勉強会という形で録音されましたが、自ら皇民化教育を受けた朝鮮人の研究者が総督府の高官に質問する場面もあり、今にすれば空前絶後のことでしょう」（宮田）

「総督府関係者に共通していたのは、自分たちは朝鮮に恩恵を与えたんだという意識だと思います。結局、アメリカとの戦争で負けたのが悪いのであって、朝鮮統治そのものは失敗していないという考えですね。しかし、『善意の悪政』という言葉があったように、私たち学生が植民地支配を否定する立場から理論的な批判をする、その批判に対して耳を傾ける姿勢はありました」（姜）

三・一独立運動をめぐる「朴姜論争」

三・一運動を研究する中で朴慶植先生と論争がありました。「朴姜論争」と言われるものです。

朴慶植は三・一の独立宣言書を書いた三三人を高く評価していました。彼らに足りないのは時代の制約だという言い方をしたんです。でも私は彼らの全生涯を見たとき、朝鮮人民を代表していないと考えた。三・一で独立が達成したわけではありません。あれは失敗の歴史ですよ。ほとんどの人が転向しています。残ったのはたった二人だけです。それはいったいどういうことなのか。その問題のほうが大きい。三・一運動の直後を見たときは三三人を評価できるかもしれないが、それは歴史の見方ではないというのが私の見解です。

私は人間の一生は最後が大事だと考えています。どんなに悪い人でも最後に立場を変えれば評価される。その反対も然りです。けれど朴慶植は三・一独立宣言で歴史をいったん区切り、三・一運動に限って三三人を評価する。でも運動は成功したわけではない。

論争の決着はつきません。どちらが多く支持されるかです。

三・一運動について日本では東京神田のＹＭＣＡでの二・八宣言は東京発だとよく言われますが、それはまちがいです。二・八宣言は上海発です。上海発東京経由。

ウラジオストクから上海にみんな移ってきます。もともとウラジオストクには独立運動家が多かったのです。日露の間で協定が結ばれて、帝政ロシアが日本に反対するような国際的な紛争に巻きこまれる運動をロシア内でやっちゃいかんという、そういうことを言いだしてそこででき なくなる。それで上海に逃げてくる。上海は国際都市で、フランス租界とかイギリス租界とか、租界がありました。それぞれその国の法律に守られる。勝手に日本が手を出せないそういう状態でした。それで上海がある意味で拠点になっていく。上海に新亜同済会というものができて、それをもとに新韓青年党ができる。

新亜同済会には在日の朝鮮人、中国人、台湾人が含まれていました。植民地朝鮮の現状、中国の現状――中国は植民地ではないけれども侵略にさらされていますよね、独立運動ではないんだけれど、そういったものを憂える会が東京にもできていました。中国人留学生と朝鮮人留学生が東京で同じような目で見られているでしょ、それらが団結してやる。中朝の連帯というのはそこから始まっているんです。

独立宣言というものも大事ですけれど、パリ講和会議に朝鮮代表が出席しているということ、新韓青年党から金奎植(*49)が派遣されたこと、これが大事だと思います、国際化という意味においてはね。それが抜けている。二・八にしろ、三・一にしろね。『呂運亨評伝』の第一巻、三・一運動編とありますが、こういったことはこの本の中に詳しく出ていいます。パリ講和会議に代表を派遣したのは新韓青年党です。そこのところはまちがってはいけないのです。呂運亨がやったのです。金奎植が行ったのは新韓青年党として行ったんです。アメリカからも留学生のところへ来ています、留学生ががんばれと。新韓青年党からも東京に来ています、学生と会っています。その人は張徳秀《チャンドクス》です。彼は東京で学生を組織し韓国に行って工作をするところで捕まるんです。

日本では二・八、二・八と言うんですけど、二・八に参加した人の多くはそのあと上海に行くんですよ。幹部の多くは行くんです。

東京からも行くんですけれど、上海発東京経由ということです。上海

*49 金奎植 キム・ギュシク(一八八一〜一九五〇)

一九一九年四月、上海で樹立された大韓民国臨時政府の外務総長、欧米委員部委員長、学務総長等を務める。二二年には極東諸民族大会に出席。四五年九月六日、建国準備委員会が開催した全国人民代表者大会は「朝鮮人民共和国」を樹立、金奎植を外交部長に任命している。しかし米軍政庁は「軍政庁は南朝鮮における唯一の政府」として「朝鮮人民共和国」を認めず、さらに四五年一二月のモスクワ三国外相決定により「反託」「賛託」の左右対立が激しくなるなかで、金奎植は呂運亨とともに左右合作運動を展開(一九四六年一〇月七日「左右合作七原則」)。四七年七月、呂運亨の暗殺。同年一二月、金奎植は民主自主連盟を結成。四八年、南朝

からは日本だけじゃない、満州からも朝鮮にも行っています。三・一運動に署名した人に呂運亨は会っています、三・一前に。だから留学生だけに触発されたわけではないのです。それはまちがいです。

　呂運亨はとにかく、知識といい、人格といい、多くの人に敬愛されていました。彼の演説なんかすごいものだったそうです。そういう意味で独立運動の中で特別きわだった人です。一番大事なのは皇民化政策時、みんなが親日派にならざるをえないときに、民衆が苦しむ朝鮮のど真ん中にいて塀の上に立っていた、刑務所の塀の上です。一歩間違えれば刑務所に落ちてしまうのです。そういう人です。塀の上に立つのにものすごく苦労するんですよね。自分は日本にとって悪い奴じゃないという偽装、四九パーセント。しかし本心じゃない。五一パーセントは民族の側、こっちなんです。

　高宗(＊50)をめぐってもいろいろ評価があるけれど、朝鮮王朝とはいったい何だったのか、これが問題です。朝鮮王朝の両班と常民の差は日本の武士と町人の関係とは比較にならないくらい大きい。日本は町人がだんだん力をもってきてお金の力が支配していく。朝鮮はそうではない

鮮単独選挙に反対して金九とともに南北連席会議に出席。ソウルに帰り南北協商の経緯と合意事項を説明した共同声明を発表。四九年六月、金九暗殺。金奎植は朝鮮戦争時に朝鮮民主主義人民共和国へ渡り、五〇年一二月、平安北道で病死。

＊50　高宗《コジョン》
第二六代朝鮮王（一八六三年一二月一三日～一八九七年一〇月一二日）の在位中、甲午農民戦争―日清戦争―下関条約―乙未事変。一八九七年一〇月一二日、朝鮮初となる皇帝に即位、一四日に国号を大韓帝国と改め、年号を光武とした。大韓帝国皇帝（一八九七年一〇月一二日～一九〇七年七月二〇日）の在位中、第一次日韓協約（一九〇四年八月二二日）、第二次日韓協約（乙巳保護条約、一九〇

でしょ。経済活動を重く見ていなかった。儒教の支配下、両班はいつまでも両班。それを許す朝鮮王朝の専制支配が大きな問題です。

私が友邦協会で勉強していた頃、本貫が光山金氏の金先生という方がいました。民族主義者で左派ですよ。韓国に帰国してからドイツに行き東ドイツで北の人たちと接触したということで連れ戻されます。その後朴正熙に処刑されました。その金先生と安東権氏の権君が論争する。光山金氏と安東権氏のどっちが上か論争する。私と金己大が中に入って仲裁した。「おれはチョンミン、己大《キデ》だ」と。「チョンミン」は賎民です。私の父親の時代には屑屋をやっていても「両班だ」と言う人がいた。私の学生の頃はそういう論争が公然とあった。おそらく、北でも「両班は両班」ですよ。両班は確かに国を支える中核だというのはある。だけど、下を見る目があるんです。両班意識ですね。

五年一一月一七日)、第三次日韓協約(一九〇七年)。一九〇七年六月の第二回万国平和会議へのハーグ密使事件により、七月二〇日譲位に至る。一九一九年一月二一日に急死、国葬日は三月三日であった。

和光大学非常勤講師

朝鮮史という講座を作ったのは和光大学が初めてです。二年か三年ぐらい梶村秀樹さんが非常勤講師として「朝鮮史」という看板を掲げてやりました。「朝鮮近代史」です。彼が神奈川大学に移り席が空いたので、私がそのあとを継ぐことになりました。これがたぶん七一年だと思います。そしてその翌々年に、私が博士課程を修了した学校が明治大学なので、その縁で明治大学に講座を設けてもらいました。これは東ア史——「東アジア史」です。「朝鮮史」じゃないです。それが一つの幕開けだったんでしょうか、いろいろな大学で「朝鮮史」、あるいは「東アジア史」というかたちで非常勤の話がありました。だから、非常勤という時代が約二〇年ぐらい続くんです。

それから私が一橋大学に行って、そのあとに劉孝鐘《ユヒョジョン》という人が専任で入ります。それも最初は朝鮮語ということで入るんです。彼は朝鮮語の専門ではないんですが、朝鮮語という科目で入るんです。

ちょうど六〇年代前後から在日問題がいろいろ出てきたでしょ。就職差別の問題とか、金嬉老《キムヒロ》事件(＊51)とか、絞首刑になった李珍宇《イジヌ》(＊52)がいたり、いろいろありましたね。そういうことがあって民主主義という看板の下で日本には在日という問題、こういう差別があるんだということを、その頃の良識のある人たちが考えだしたというか、そこに着目す

＊51　金嬉老事件

一九六八年二月二〇日、静岡県清水市のクラブで手形トラブルのあった暴力団員二人をライフルで射殺して逃亡、翌日寸又峡温泉の旅館で一三人を人質として籠城した事件。金嬉老は人質解放の条件として、前年の警察官による在日朝鮮人への蔑視発言を謝罪するよう、要求した(二四日逮捕)。七二年六月、死刑求刑に対し静岡地裁は無期懲役の判決。七四年六月、東京高裁控訴棄却。七五年一一月四日、最高裁上告棄却、無期懲役が確定。服役中の九九年九月、二度と日本に入国しないことなどを条件に仮釈放、韓国釜山に「帰国」させられた。

事件当初から「よびかけ」や、「金嬉老を考える会」といった模索はあったが、弁護団と協力して裁判を支援する組織として「金嬉老公判対策委員会」がで

るようになりました。
日韓条約が六五年でしょ。だからその後の問題です。あの頃からいえば、健康保険の問題(＊53)もあったしね。とにかく外国人差別。「日本国籍に限る」とかでアパートの入居差別もあったでしょ、都営住宅にも入れなかった。これで民主主義か、そんなことが問われだした頃だと思います。

和光では二〇〇人か三〇〇人は入る大きい教室で講義しました。公開講義ですけれども、学生は後ろのほうにいて前のほうの一列には一般の市民がたくさんいるんです。なにか関心がある人たちですね。そういう人がたくさんいて、帰りに一緒に飲んだり、ずいぶん仲良くなりましたね。

学生は後ろのほうで、朝鮮史に関心があってというよりは、単位を取るためという学生が多かったような気がします。中にはずっと聴いていて、のちのちにも影響を受けたという人がおりますけれども。埼玉の小学の先生になった田牧さんは、関東大震災における朝鮮人虐殺の学習に子どもたちと取り組み、記録を書いていています。私ももらって大事にして

きた。金嬉老にはいくつもの名前がある。裁判所の記述では「金岡安弘、金嬉老こと権禧老」となっている。彼の「在日」としての生い立ちがどれほどの影響を与えたか、裁判での主な争点となった。法廷では、李恢成・高史明・金時鐘・金達寿らが証人に立ち、「在日」の歴史を語った。

＊52 李珍宇
小松川事件（こまつがわじけん）
一九五八年八月一七日、東京都立小松川高等学校定時制に通う女子学生（当時一六歳）が行方不明になり、二一日腐乱死体として発見された。九月一日、小松川署捜査本部は同校定時制一年生の男子学生・李珍宇（当時一八歳）を逮捕した。五九年二月二七日東京地裁死刑宣告、同年一二月二八日東京高裁控訴

います。ときどきいろんな集会にも出てくる人ですけれどね。もう退職したかな。彼はその頃のよき学生でした。それから絵描きになった人もいましたね。よく飲み会には出てきて話を聞いていましたね。私の家の絵が飾ってありますよね、あれは、当時の和光の学生が描いてくれたものです。

和光で朴載日と出会う

和光には朝鮮高校卒業生が多かったです。あの頃文部省の規定では朝鮮高校生は日本の大学を受験できないというのがあったですが、和光大学は自分の学校で入学の検定をやればできるとしたんです。最初に朝鮮高校に門戸を開いたのは和光です。だからたくさんいるんです。

ところが朝鮮史の講座は朝鮮高校卒業生がたくさんいるのに、大学の図書館に行っても朝鮮に関する本が百冊もないんですよ。私はそのときに学長と図書館長に申入れをしました。これでは工学部に機械の実習場がないと同じだと。図書館に本がないのに、朝鮮史の講座がどうして開けるのか。こういうことを言ったら、あのときの学長、名前なんといっ

棄却。六〇年九月、大岡昇平、木下順二、旗田巍らによる「李少年を助けるためのお願い」という減刑嘆願運動が始まる。六一年八月一七日最高裁上告棄却、六二年一一月一六日に宮城刑務所にて刑が執行された。自供はあってもそれを裏付ける物証は十分でなかったという指摘もある。

朴壽南は李珍宇との往復書簡を編集した『罪と死と愛と』を六三年に、『李珍宇全書簡集』を七九年に刊行。

＊53　健康保険の問題

日韓法的地位協定合意議事録三項は「日本国政府は、協定第一条の規定に従い日本国で永住することを許可されている大韓民国国民を国民健康保険の被保険者とするため必要と認める措置を執る」とある。一九六五年の日韓法的地位協定により、申

たかな（梅根悟）、かなり開明的な方でしたけれど、この方が納得されて、図書館の拡充を考えましょうと言われた。そして私に図書館の顧問という肩書をくれたんです。

私は在日の保護者がたくさんいることがわかっていましたから、「図書館顧問」ということで、保護者のみんなに呼びかけたんです。「みなさんの力で本を少し集めましょう」と。このときすぐに応じてくれたのが朴載日《パクチェイル》です。彼の娘が和光に在学していたんです。朴載日がそれは大事だと中心になって保護者に連絡をしてくれて、おそらく五〇〇〇冊ぐらいの本を購入することができた。そして和光大学図書館に朝鮮コーナーができたのです。

朴載日と私の出会いはそこです。そこから始まるんです。意見が合うのでしょっちゅう会うようになって、やがて「文化センターのような施設が大事だ、必要だ」という認識にいたる。それが文化センター・アリランの始まりです。

請によって「協定永住」の「資格」が与えられ、外国人登録証に「韓国」と明示された者には、国民健康保険への加入を承認し、国外退去強制事由の軽減を認めることとなった。これは「在日」のなかに南北の対立と分裂を持ち込むことになり、差別制度をより巧妙に組み込むことになった。ましてや、就職差別撤廃のための施策は何もなく、国民金融公庫、住宅金融公庫、国民年金、日本育英会などは依然として「国籍条項」「国民条項」で排除されたままであった。

明治大学で非常勤講師

明治大学では、昼間二コマ、夜二コマありました。一つは「東アジア史」、もう一つは「文化史」です。私が非常勤講師になった頃、李進熙も考古学を担当されていました。「東洋考古学」だったかな、これは非常に人気のあった講座です。私の教室も昼間も夜も満杯でした。評判は良かったようです。

講義は近現代史です。ただ朝鮮の近代史、現代史をそのままやっても、日本の学生はわからないのです。それで日韓関係史をテーマとしました。朝鮮から見た日本というのでしょうか、そういうかたちで講義をしたと思います。

明治初年の日韓修好条規とか、あるいは壬午軍乱というのはどういうものか。日清戦争というのは甲午農民戦争（＊54）の裏にあるんだと、そういう問題ですね。日露戦争も同じですね。

だから、大正デモクラシーなどの問題は植民地朝鮮での三・一運動、そしてそれに対する弾圧、こういったものと比較をして、大正のデモクラートたちは何か発言したことがあるのか、あるとすればどういう発言

＊54　甲午農民戦争　農民の蜂起（民乱）が続くなか、一八九四年全羅道古阜郡の民乱は東学の思想と組織と結びつき、全琫準を大将にして五月には農民軍が全州城を占領、全州一帯を支配下に置いた。日清戦争といわれるものは、この東学農民革命を圧殺するため出兵した日清両軍の武力衝突に他ならない。東学農民軍にとっては反革命的な内政干渉、侵略である。この侵略者に対し、農民軍は二度にわたる牛金峙で会戦、全羅道のみならず朝鮮全域で蜂起して闘った。農民軍に対して日本軍（川上操六兵站総監）は「処置は厳烈なるを要す。向後悉く殺戮すべし」との命令を発した（一〇月二七日）。包囲し捕らえ拷問し、銃殺、刺殺、焼殺、民家を悉く焼き払う、ジェノサイドであった。

をしたのか、こういう問題です。関東大震災における朝鮮人虐殺の問題なんかも彼らはほとんど知らない。関東大震災というのはどういうものであるのか、朝鮮人から見たらどうなのかということを、二時間、三時間かけてやりますね。それは学生たちにかなり影響があったと思っています。私の講義を聴いて関東大震災のことに乗り出した活動家は何人もいます。荒川河川敷の調査に参加した西崎雅夫さんや矢野恭子さんです。町へ出て、絹田幸恵さんと一緒に関東大震災のことをやり出したんです(＊55)。

そういう意味で「高校までの日本史が教えなかった日本史」という授業であったと思います。

この頃、朴殷植《パクウンシク》が書いた『韓国独立運動の血史』の翻訳をしました。彼の歴史観は痛史、痛みの歴史です。これは韓国が併合されていく間のつらい歴史――闘いと悲しい歴史。そして血史というのは独立運動において血を流したということです。そしてそのあとに光復史。これがある。この三段階。そして今は痛史、血史の時代がまだ続いている。いずれ光

＊55　ほうせんか
西崎雅夫らは「一般社団法人ほうせんか」を立ち上げ、現在も関東大震災朝鮮人犠牲者を追悼する活動とともに関連資料収集作業を行っている。

復史が出てくる。今は光復を求める、そういう時代になっているのだと。

これは今の朝鮮半島の問題です。分断を統一し、そして初めて光復なんですね。独立運動をした人たちは誰も分断を望んで独立運動をしてはいません。

私は非常勤講師になるまでに『現代史資料』（全四五巻、別一、みすず書房）の朝鮮篇、関東大震災をはじめとして、六巻を出しました。三・一運動、それから間島における独立運動、もう一つは共産主義運動、金日成も出てくる。

そういったものをただ資料を集めてごったに並べるんじゃなくて、資料を分析して論文のかたちのように起承転結のある一つのものにまとめていったんですね。それが講義の中にも出てきたと思います。

日本各地の大学へ行く

和光、明治の他には関東では、法政、立教、千葉大、横浜国立大、津田塾、お茶の水、東京女子、恵泉女学園大学にも非常勤として行きました。遠くは信州大学、大阪外語、四国の四国学院、北海道にも行きましたね。

とにかく非常勤講師はたくさんやりました。信州や四国は集中講義です。

法政では、法政大学主催の大講座があったんですよ。法政の大きな講堂を借りて、満杯の中でしゃべったことがあります。その記録は法政大学に残っているはずです。法政のある教授が企画してやったもので、八〇年代の初め頃のことですね。講義録、講演録が残っていると思います。

学習院大学東洋文化研究所客員研究員に

斉藤孝先生が東洋文化研究所にいたときに私を研究員として呼んでくれました。研究職で個人研究室をもらったのは学習院が初めてです。研究員は給料がありません。でも自分の研究室がある。嬉しかったですね。斉藤とは分野は違うんですが、先生のお弟子さんの仲間の人たち、そういういろんな人から学びました。耳学問ですけど。だから、斉藤とは歳はそう違わないんですけど、私は弟子の一人、先生は私にとっては恩人です。

講演「日本にとって朝鮮問題とは何か」（法政平和大学にて）

副業で借金が残る

その頃の生活は講師の給料だけでは食べていけません。交通費は自腹。学校によって待遇が違いましたね。非常勤を一番優遇してくれたのは明治大学です。

研究費は家業でまかなうしかなかった。まだ母親が健在でしたから、母親が働いて得たものをかすめて、使っていたということだと思いますね。

パチンコ事業を始めたのも非常勤時代です。あの頃、パチンコ屋はやればもうかるというような噂のあった時代でした。在日のパチンコ業界でものすごく有名な経営者もいたんですよ。それで私の同郷の先輩がいて少し小金があれば投資していっしょにやろうという話になりました。世田谷の烏山、あそこでやってみようかと。無知なのにね、人に担がれて。信じてやったはいいけど人任せでやったので三か月でだめになりますね。借金だけ残りました。金だけ半分出して、それも借金して。そのままそれが借金になって残っちゃった。この借金を返すのに一〇年くらいかかりました。

パチンコ商売をやる前までは、私は「歴研」や「歴史科学」やいろんなところに論文を書いていました。学会に呼ばれて話をしたりすることもあったと思います。ある面、新人が現れたという感じだったと思います。

けれどもその借金を抱えている時期、私は何も書いていない、書けないんです。そういう時間がない。そういう気持ちにもなれない。店を一生懸命回転してやらなきゃいけない、時間がない、書けない。そういう時代だったと思います。

その間に書いたのは、『三千里』という雑誌(＊56)に、ときどき思いついたままの自分の感想を含めた伝記、個人史をまとめたものだけです。これは実証も何もしていないんです。当時読んで思いついたことを四百字詰原稿用紙で三〇枚か四〇枚ぐらいにまとめました。これが七、八編、『三千里』に掲載されました。それをまとめたのが、八五年に出た『独立運動の群像』です。あれは、こういう人だろうと自分の想像をまじえて書いたものです。これがその頃の私の仕事になりますが、研究者としてのきちっとした実証研究ではありませんでした。

＊56　『三千里』という雑誌
『季刊三千里』(三千里社)は、一九七五年二月、金達寿・李進熙・姜在彥らにより創刊された、朝鮮半島と在日韓国・朝鮮人に関する日本語の総合雑誌。「朝鮮をさして、『三千里錦繡江山』ともいう。『麗しい山河の朝鮮』という意味である」「一九七二年の『七・四共同声明』にのっとった『統一された朝鮮』を実現するための切実な願いがこめられて

当時、研究者としても個人的にも親しかったのが朴慶植、朴宗根です。みんな呑兵衛です。朴慶植は神田の古本屋を回ってきて風呂敷包みで重い本を持ってきて、「こんなものを買ってきた」と見せるんです。私の家は新宿が近いでしょ、「今ここにいるよ」と連絡があると朴宗根も出てくるわけですね。そこで三人で飲んでは、なんだかんだと不平不満を言いつのらすといった、そういうことが続いていました。これはとにかく楽しかったです。朴慶植の人間性がよくわかったしね。けんかもした。大喧嘩しましたよ。言いだしたら聞かないんですよ、あの人は。ぶん殴られたこともありました、本当に。口も出るし、手も出るし。いろいろ不満もいっぱいあったんでしょうね。それはよくわかるんですよ。五〇代前半かな。友だちのところへ飲みに行って、そこから夜中、だれが一番早いか駆けっこしようと三人で走ったことがあります。酔っぱらって、俺が早い、俺のほうがもっと早い、とそんなこともありましたね。私が一番年下でしたから学ぶものが多かった。

論文が書けずに『独立運動の群像』をまとめたときに、呂運亨のことが頭にありました。それで『三千里』に三、四回書いています。だけど

いる」とある（「創刊のことば」より）。八七年五月、五〇号をもって廃刊。

これはそういうかたちで終わらせるんじゃなくて、彼の生涯を独立運動史として、一人の人間を通して運動史をきちんとみていかなくてはならないと思っていました。彼は独立運動史の中で北斗星のように輝いている人です。だけど彼に対する評価は南北双方にないんですよ。北は金日成に全部横取りされる。南では金九、李承晩。彼自身は韓国史の中ではあたかも反逆者のような位置に置かれて痕跡が残っていない。これはおかしい。

彼について知れば知るほど、これは不可思議な話だと思いました。この人を独立運動史のピカイチの人にしないといけない。そしてそれを南北が共有しないとやっぱり分断の心理的な統一はできない、そういう認識がその頃生じたことは事実です。

この人にもっと光を当て、個人史であるけれどもこの人に独立運動史を全部しょわせてもいいと、こういう思いで彼に関する研究を始めたのです。だから『独立運動の群像』は前編、『呂運亨』は後編なんです。後編はもっと実証的にやらなければいけないと同時に、それが一人の人間に焦点をあてていくということになるのです。

韓国独立紀念館への資料提供・研究員として訪韓

一九八六年、韓国の独立紀念館がオープンするときに資料提供とオープンの手助けをしました。全斗煥政権の時代です。

資料提供の経緯について、それはねえ、もう話してもいいかなあ。あの頃全斗煥は軍事独裁政権として韓国では非常に評判が悪い。独立紀念館というのは、日本の教科書検定問題（一九八三年）――秀吉の朝鮮「侵略」を「進出」と書き替えさせられましたね、その教科書問題のときに中韓で日本に対する批判が起こった、それがきっかけとなって進められたものです。韓国でその頃、日本に対する抗議としてタクシーに日本人を乗せなかったという話があります。

そういう動きがあったときに、国民の愛国的な献金に政府が補助金をプラスして大きな紀念館を作ろうということになったのです。ソウルから百キロくらい離れたところですけどね。ところが建物ができて、国内の研究者に資料提供を求めたところ、全斗煥の政策にはついていけないとみんなボイコットしたんです。

それで当時の日本の韓国文化院の院長さん、この方は尹鐸《ユンテク》さんといいましたが、彼と李進熙さんが家に来られました。そのとき李進熙さんが私に言いました。「こういう事情で資料がない。オープンのときに、一番関心を持って来るのは日本の外務省と日本の新聞記者だろう。そのとき、愛国運動だ、なんだと言って騒いでいるけれど、こんな内容で独立運動の展示ができるのか、必ずそう言われるぞ」と。そして「だからお前は考えを変えろというのではなくて、こういう考え方はできないだろうか。独裁者が作ったけれど、見に来るのは韓国の一般の民衆だし、子どもたちだ。彼らに真実を見せることが大事じゃないか。そこに資料を提供するのは民族的な行為じゃないか」と。

こういったことを言ったと思います。それはそうだと私も思いました。だからそれに限ってなら協力してもよいのではないかと。私一人持っていたとしてもこんなものはどうもなるものじゃない、多くの人に見てもらって初めて意味がある、こういうことだったと思います。

そのことで館長さんが家にも来ました。

韓国渡航のための航空券、入国手続などすべて向こうが手配して、つまりフリーパスのようなかっこうで入って行ったと思いますね。ところがオープン直前に火事になってね、一年遅れるんですよ。だからその間、約一年以上、何回もあそこに行って展示の指示などしました。それが私の韓国行きの始まりです。

それで三、四回行っているうちに、向こうの係の人が、いちいち朝鮮籍で特別入国するよりは韓国籍に変えてもいいんじゃないかとそういう話があったのは事実ですね。

私自身、日本では独裁政権下の韓国は怖いと聞いていたのに、街へ出て屋台でいろいろしゃべると、みなさんね、私なんかよりもっと過激な話をするんですよ、平気で。こうして全く同じ考えの人がたくさんいるんだなとわかったことで、韓国籍に変えることへの抵抗が小さくなったかと思います。ちょうどオリンピックがソウルで開幕（一九八八年）する直前でした。

提供した資料はいろいろなところで集めたものです。私が資料集めをした頃は外務省、裁判所などわりあい自由に見られたんですけどね。だんだん日韓関係が正常化してくると、日本の立場から見ると韓国に知られたらまずいものを隠し出すでしょ。そういうことでちょっと難しい資料もありました。

韓国には李進熙が何度か一緒に行ってくれましたね。あの頃の韓国の新聞を見るとわかりますが、取材も受けました。日本の新聞は取りあげていません。紀念館は古代の歴史から展示していて、一号館、二号館、三号館とあって、独立運動時代については一つの館にまとめられています。資料提供したあとは、もう紀念館と関係ないですからその後のことはわかりません。（二〇二〇年韓国独立紀念館学術賞受賞、252頁参照）

国立大学へ在日韓国人採用第一号

私が一橋大学の教授に採用されたのは一九八九年四月のことでした。桃山学院大学教授の徐龍達《ソヨンダル》らが中心となって進めていた日本の「国公立大学に定住外国人の任用」という市民運動の成果なのです。私が一橋大学に採用されたのが、在日韓国人教員の第一号でした。その背景には、日本社会の中に在日韓国人を差別・排除から共存の対象にしようとの動きがあったからでしょう。

私は一九八〇年のはじめ頃、一橋大から話がありました。社会学部の学部長が私のところに教授の話をもってきたのです。ところが教授会にかけてみたら「外国籍は採らない」という文部省の通達があることが分かったのです。その先生はそのことを知らなくて「大変失礼した」ということでした。

その後、一橋大学経済学部、社会学部で講師をしていました。一九八九年に「朝鮮史」の教員を採用するという話が教授会で出てきたとき、誰にするかということになったそうです。教授会には私の知り合いも多くいたので援護射撃をしてくれました。彼らは斉藤孝の教え子のような方たちです。斎藤は影で押してくれました。それに何よりも学生たちの要望が多かったのでしょう。特に韓国からの留学生たちが朝鮮史を研究したい、日韓関係の歴史を研究したいのに先生がいないという状況でした。彼らは指導できる教員の採用をと学校側に要求したのです。講師はゼミを受け持つことができなかったからです。

私が初めて任用されたときは任期付き（多くは三年）でした。その頃の外国人教員はほとんどそうだったと思いますよ。でも考えてみますと教員が入学してきた学生を社会に送り出す期間は学部で四年、大学院を合わせれば一〇年は必要です。三年任期ではまともな教育や研究はできないでしょう。そう考えると表面上は外国人教員に門戸を開いたというものの、その実は外国の大学、例えばソウル大学とか北京大学とかから教員を三年借りて補完力にする。それ以上のものではなかったようで、日本にいる定住外国人の採用はもとより念頭になかったのでしょう。

私が任期の三年経ったとき、再任するかどうかの議題が教授会にかけられました。そのとき事務局から審議中は別室で待機していてくれと言われ、とてもイヤな思いを経験しましたね。

現在在日韓国・朝鮮人の日本の大学教員は数百人以上がいますが、任期付き任用の事例はほとんどありません。任期付き任用を形骸化してきたのは、多くの同胞や教員の努力と研鑽にあったのはいうまでもありません。「力」は差別を乗り越えて来たのです。そう思います。

官憲の資料を反転して読む

一橋大学のときに学生たちと一緒にやったのは『朝鮮人学徒出陣――もう一つのわだつみのこえ』(岩波書店)です。むろん、呂運亨のことは前から関心があったから関連のものを集めていきました。

教授になると大学の待遇が全然違います。大学の図書館に頼むと資料や本を全国から取り寄せてくれるんです。これは在野人と全く違う。それとゼミの学生たちを使えます。私の本になったものは、その前もありますが一橋での仕事が主なものです。それは、ある面で集中できるということですね。一冊の本にするとか一つのものをまとめるときには、どうしても瞬間的な集中力が必要になります。それができないと構想を持っていても仕上がらないということです。一橋大学ではゼミ生に協力してもらって学生たちの意見も聞いたりしながらやっていたと思います。それは本の後記に書いてあるはずです。特に大学院の学生たちとは資料収集をしました。彼らもどこにどんな資料があるのかを実際に目で見て分かったと思います。

学生は日本人も多かったですけど、韓国からの留学生もいました。大学院は韓国からの留学生のほうが多かったと思います。

担当した科目は社会学部。歴史の中の「東洋史」で、三谷孝と木山英雄と私、この三人です。木山と三谷が「中国史」、私が「朝鮮史」でした。

講義内容は和光や明治でやっていたように、直接では基礎的な知識のない学生にはわかりにくいので日韓関係史から入っていくというやりかたです。それで見えない日本史が見えてくるという、こういうことですね。

今、朝鮮史を研究している若い研究者がたくさんいます。私の場合の朝鮮近代史というのは、韓国で先生が教える朝鮮近代史とは違うんですね。聞いている学生たちは大学院を除いて日本人の学生が多いですから、その何の知識もない学生たちに朝鮮史を教えるには、日本とのからみで教えるしかない。そうすると日本史では語られない部分の裏面史が見えてくるということです。それが真実なのだということを理解する学生がいるということです。だから私のゼミの学生たちはそういう意味ではかたまっていました。そういう認識を持った連中が多かった。今でも、ゼミの仲間たちは年二回集まります。二十数年続いています。だんだんみんな偉くなっています。ひとかどの研究者になった日本人もいますね。

近代史に関しては、日本で朝鮮史をやる場合、反転して見る意味においてもここは宝庫です。要するに、いかに日本が朝鮮の植民地支配に力を注いだか、良いにつけ、悪いにつけ、その資料が残っています。戦争で焼いてしまったものもありますが、それでも残っています。それは、植民地時代、朝鮮人が自分の過去を書くとすぐ捕まって懲役になったりしますよね。だから書かない、日記を残さない、記録を残さない、これが独立運動家の信条です。だけど日本では、それを職業としている階層──警察があるわけです。特高がそうです、憲兵がそうです。植民地担当の憲兵がものすごくいるわけです。ですから詳細な記録を全部残していいます。むろん焼いたものもたくさんありますが、焼かれないで残ったものもあります。それを反転すると支配の背景が見えるわけです。われわれが日記に残せなかったものがそこに残っているということです。私はそう見ています。そういう点では、朝鮮近代史というのは、日本語ができないとだめだよ、ということです。

官憲側の資料は、それを反転して読むという力が必要です。難しい候文で書かれたものですが、そこに書かれていることはある面真実を語っている。朝鮮人の悪口が書かれていたり、怖い、あるいは危険だという、そういう言葉が羅列されていますけど、それは支配する側の立場で書かれています。それを反転すればどういうことになるか。多くのものは焼かれて残っていないです。この前もある人から、「三・一運動で虐殺された被害者名簿があるという文章を見たけど、名簿を見たことがありますか」と聞かれました。私は見ていませんから「ない」といいましたが、きっとどこかに残っているでしょう。それは、一人一人の名前を書いたもので、官憲はそれを見て知っていたはずです。

第5部

文化センター・アリラン創設（歴史や文化を学ぶ殿堂を）

「文化センター・アリラン」川口市にて開館
（1992年11月、左・姜徳相、右・徐龍達）

在日の次の世代に残すもの

朴載日との出会いが文化センター・アリラン創設の前史になりますね。それ以来三〇年以上友情あつき交流が続きました。私が朴載日の住む横浜磯子を訪れたり、代々木の我が家にお招きしたり、家族ぐるみの付き合いでした。私が一九三二年、朴載日が一九二九年生まれと三歳年上の彼と違う分野の二人がこんなに深く付き合えたのは考え方が似ていたからだと思いますね。植民地下在日二世として生きて来た者が持つ時代の哀しみや苦悩が共通の実感としてありました。

刺すような民族差別の対象になったこと、それを避けるため、こともあろうに母親と街中で出会うと逃げて姿をくらましました。母親が名前を呼んでも知らん顔して、他人のように装ったりしました。二人とも同じような体験をしているのです。

「大君の醜の御楯と出でたつわれら」――皇国少年として生きた中学時代から四五年八月解放の衝撃、民族教育を受ける機会がなかった少年が解放後の民族や母国をまぶしく見る挫折した思い、在日の前に立ちはだかる壁のような日本社会との葛藤、おのれの立つ位置はどこにあるのかと自分探しをする彷徨など、自己史のどの時期も重なり合う感慨がありましたね。

それはすでに民族の素養を持った母国育ちの先輩たちとは、ひとあじ違った感慨でした。

お互いの交流の密度が高まるにつれ、双方の友人たちも顔を見せるようになり広がっていきました。梶村秀樹と朴載日の関係もこの中で生まれていったのです。朴載日は梶村の溢れるように朝鮮に注ぐ熱情、愛情に強く感動し、強い影響を受けていったと思います。当時梶村は、韓国の民主化の詩人と伝えられる金芝河の救援活動（＊57）をやっていました。朴載日も横浜で一緒にやるようになり交流を進めていったと思いますね。私には朴載日の学友である高道燮《コドソプ》を紹介してくれました。それが縁で私は「朝鮮人学徒出陣」の研究を始めたのです。

そんな人脈の中で、事業家の朴載日は次の世代に残すものは何かを真剣に考えたのです。そして在日の人々が歴史や文化を学ぶ殿堂を作ろうと思った。自前で研究できる場、研究所を創ろうと二人の夢は膨らんでいきましたね。夜遅くまで口角泡を飛ばしながら話し合いました。

＊57　金芝河救援活動

金芝河は一九七〇年、朴正熙政権下で、財閥や国会議員を痛烈に批判した風刺詩「五賊」を発表して投獄され、七四年には民青学連事件に関係したとして死刑判決を受けた。日本でも救援活動が起き、梶村秀樹、鶴見俊輔、大江健三郎らが朴政権に抗議。金芝河は減刑されたが、約七年間投獄された。

二人がモデルにしたのは、文京区大塚にあった中国研究所です。図書館を作って研究者を集め、研究成果を刊行していこうと構想を立てました。そして、新宿に「朝鮮近現代研究所準備室」を設置したのです。この場所は雑誌『三千里』の編集室だった所です。『三千里』の同人は朴載日の構想に賛同して事務所を貸してくれたのです。そして『三千里』が蒐集した資料まで私たちに寄贈してくれたのです。うれしかったですね。最初の資産になりました。そこを根城にして建設の具体化計画を進めていったのです。

ところが八九年、梶村秀樹が急逝しました。朴載日は痛歎の極みでした。

「在日は梶村秀樹さんを忘れてはならない」と文化センター・アリランの構想の中に梶村秀樹の追悼の施設を入れたいと考えたのです。

文化センター・アリランは八九年八月、埼玉県川口の朴載日の旧居に建設が始まりました。梶村秀樹の蔵書と私文書、田川孝三の蔵書、姜在彦文庫からも寄託寄贈され、私設の朝鮮関係図書館としては量質とも日本最高との評価を受けるほどでした。

「母への贖罪」として

開館は一九九二年一一月七日のことです。新聞に「関東に『在日文化』の拠点、文化センター・アリランオープン」と大見出しで報道されました。埼玉県川口の住宅街の中では目を引く地上三階建てです。一階は朝鮮関係の新聞や雑誌がぎっしり並び、講演会や作品展を開くスペースもあります。地下は約二五、〇〇〇冊の蔵書を持った図書館です。二階は事務所と朴載日のオモニの住居、そして三階は韓国からの留学生や研究生が利用できる宿泊施設になっていました。

彼は二階にオモニの部屋を作ったわけを私に話してくれました。それは「母への贖罪の心」なのだと。「子どもの頃、民族衣装を着て堂々と出歩き、朝鮮人丸出しの母が恥ずかしかった。差別されるのが嫌で母から離れて歩いた。この歳になってやっと、母に償いができた」と過去の己を恥じる心を忘れていませんでした。

母を遠ざけたことで「日本化」を試みたことへの深い反省と孝心の発露が、文化センター・アリランに結実していったのであろうと思います。

朴載日は日本に留学にきた若い研究者たちが韓国に帰ったときのこと

オープニングで挨拶をする朴載日（一九九二年一一月七日、『朴載日追悼文集』文化センター・アリランより）

まで考えて、ソウルに研究の拠点が持てるようにとビルを所有し、さらにちょっと離れたところに広大な土地を購入したのです。本当に自分の全てをこの計画に託していました。

文化センター・アリランは開館と同時に私が研究部門を受け持ち、「朝鮮近代地域史料研究会」「強制連行研究会」など立ち上げていきました。若い研究者たちや留学生たちも参加してきました。そのほかにも「コリア語講座」「公開文学講座」、時には日本の中の朝鮮をテーマに野外学習、フィールドワークなどに取り組みました。

開館三年目の一九九五年には、解放五〇周年記念シンポジウムを地元の公民館を会場に開催しました。テーマは「地域に生きた朝鮮人」です。「キューポラのある街」も上映されたり地域の方たちも参加して熱気溢れる会がもてました。

その後も研究会が立ち上がり新しいメンバーが参加してきましたね。「差別と暴力の歴史研究会」は今でも続いています。この当時のメンバーは、現在日本や韓国の大学、研究所で研究、教育を進めています。韓国から日本に留学して来た金廣烈《キムガンヨル》さんは、在日朝鮮人史の重要性に気付き、朴慶植の「在日朝鮮人史研究会」のメンバーとして研究を重ねていきましたね、韓国史の中に在日朝鮮人史を位置付けたパイオニアです。

文化センター・アリラン新宿に移転

二〇〇八年六月、朴載日が急逝し、私たちは大きな悲しみに包まれました。

彼が亡くなる前、民団から麻布に在日の資料館をつくるという話があり、文化センター・アリランに役員が一〇人ぐらいで視察にきました。その後民団からアリランも含めて資料館を考えようと提案が私にありました。

それで私がその歴史資料館準備会委員長に、朴載日が副委員長になり準備に取り掛かりました。しかし朴載日は麻布に在日韓人歴史資料館が開設してまもなくしてから急逝されたのです。

それからいろいろ紆余曲折があり、川口の文化センター・アリランが転居することになりました。このとき移転先をいろいろ探しましたね。

廃校になった学校を検討したりもしましたが、最後に新大久保にある大きなスーパー「韓国広場」を経営している金根熙《キムグニ》に相談しました。彼はかつて一橋大学のときの私のゼミ生でした。彼の協力で相場とは破格の家賃で貸してもらうことになりました。

現在、文化センター・アリランは新宿区新大久保職安通りの第二韓国広場ビルの八階のフロアで開館しています。事務所とわずかな図書館機能をもったスペースとなっています。蔵書は、やはり彼の会社の倉庫を貸してもらえることになりました。現在は図書の目録作りをしています。それ以来金根熙には理事をお願いしています。この移転問題に高麗博物館の館長だった宋富子がいろいろ努力してくれて、その後もアリランの財政部門を受け持ってくれています。感謝です。

ここは仮の住まいです。やはり創設当時の内容を備えた充実した施設の復活をと願っていますね。沢山の重要な書籍や資料を早く皆さんが利用できるように努力をしなくてはいけませんね。そう思っています。

現在、文化センター・アリランでは、テーマを決めての連続講演会、今年度（二〇二〇年）のテーマは「現代韓日・朝日関係の『棘』」日韓

現在の文化センター・アリラン（「アリラン通信」より）

基本条約（一九六五）の歴史的・現代的考察です。全八回の連続講座です。今年はコロナ禍のためオンラインでやっています。研究活動では「差別と暴力を考える会」「女性史研究会」「朝鮮近現代史読書会」「金曜学習会」「ハングルで絵本を読む会」、そして地元のニューカマーの子どもたちの学習保障の場「雑草教室」なども開催されています。

日本の曲り角には、必ず朝鮮がある

一橋大学を定年退職後、滋賀県立大学の教授になったのは応募ではありません。突然、学長から「来てくれ」と言われたんです。私にとっては「寝耳に水」でした。

県大でも日韓、日朝関係史を講義しました。

例えば閔妃事件(＊58)。この事件は日本では外交史専門の本でも出てこない。教科書にはむろん出てこない。そしてあのとき主役をやった男、三浦梧楼は後に学習院の院長になりますね。日本では彼は功労者になっている。犯罪者ではないんです。教科書には出てこないんです。

それで学生に「君、閔妃事件って知っているか」と聞きます。ほとん

＊58　閔妃事件
閔妃（ミンビ）は第二六代国王・高宗の王妃、明成皇后（ミョンソンファンフ）のこと。一八九五年一〇月八日、公使として就任した三浦梧楼らの計画に基づいて、王宮に乱入した

ど知らない。この事件は大げさな例を言えば、たとえばアメリカの駐日大使が日本にいるアメリカ人のならず者、あるいは軍隊、警察を率いて、皇居に攻め入って皇后を殺害した、それと同じことなんだよ、それがなぜ出てこないのか、おかしいだろ。そういう話をします。日本史が落としたところ、そこを突いていく。こんなことを落としていてこれで歴史なのか、ということです。

　甲午農民戦争についても、東学党の乱としか言わない。最近変わったようですが。何も宗教の乱ではないんです。それこそ一国の、ある意味運命を変える革命史です。それを日本軍が討伐するというのはいったいどういうことなんだ、と。日本軍がそれを賊という、東学匪、匪賊という認定のもとにやる。これはどういうことなんだ。たとえば日本にアメリカ軍が来て、日本で革命が起こったらアメリカ軍が来てつぶしちゃうのと同じことだよ、そういう話をするわけです。すると、学生たちにはよくわかるんです。

　大正デモクラシーでも、大正デモクラシーというのは定義がとても大きいです。だけどこの中に三・一運動について書いたものがどこにある

日本守備隊、公使館警察、大陸浪人、日本人経営の『漢城新報』の連中、日本居留民の行動隊が王宮を襲撃して、閔妃を殺し、王宮外の松林に運び出し、薪を積みあげた上にのせて火葬してしまった。これを目撃した二人の欧米人の証言によって事件の真相が知れわたったため、日本政府は三浦ら四八名の日本人を本国に召還し裁判を演出するが、翌年一月、全員無罪で釈放した。（『朝鮮近代史』姜在彦　平凡社選書より）

　三浦梧楼は「後に」ではなく、当時学習院長として在任していたようだ。『観樹将軍回顧録』（三浦梧楼著）によると、当時在職していたと書かれている。

か。三・一運動は日本の統治下で起こった。だから大正デモクラートたちは日本の政治についてどういう発言をするかということが大事だろ、それがなぜ、何も問われないで、このままいっちゃうのか。大正デモクラシーというのは何だということです。

朝鮮、その統治支配を除いて、日本の歴史、近代史は成り立たない。それを言うとよくわかる。そういうことで、私の講義は学生にはちょっと、異色の講義だったということは言えると思います。

教科書問題が起こったとき、日本で教科書裁判がありましたね、家永三郎さんのね。あの人の教科書を僕は読んで見ました。その教科書、朝鮮と日本の関係の記述の中に「日鮮条約」とある。最初の修好条約です。「何でこれ、日鮮条約か」ということを学生に聞きます。日本が他の国と条約を結ぶときに、日本というのは当然入るけれども、日米条約とか日仏条約とか日独条約とか、相手国の頭文字を取るだろう、なぜ朝鮮だけ「鮮」なのか。これはおかしいだろということです。これを書くなら「本鮮条約」とするべきだ。家永でさえこういう認識なんです。そういうことを話したので、学生にはわかりやすいし、どういった中で朝鮮がはずされていったかということが大事ですね。

もう一つ大事なことは、近代日本の曲がり角に朝鮮があるということです。これは繰り返し言ってきました。日本が大きく曲がるとき、必ず朝鮮があるんです。これは現在も同じです。日本のウィークポイントはここにある。そういう問題ですね。

滋賀県立大学のときに出した本は『朝鮮人学徒出陣――もう一つのわだつみのこえ』（一九九七年、岩波書店）です。ちょうど日本では学徒出陣『きけ　わだつみのこえ』のことがさかんに取り上げられて、青春を虚しくしたという話があった。そこに学徒出陣した日本人の書いたものはたくさんあります。けれど朝鮮人の同僚がいたということはほとんど出てこない。全部見たわけでないがザーと見て、ない。これはおかしいぞ、と。日本の学徒出陣は総勢で一〇万ぐらいいたと思います。だけどそのうち五〇〇〇人は朝鮮人なんです。だからどこかの隊に必ず朝鮮人の兵隊はいたはずだけど、その問題を語った日本人の学徒兵は誰もいない。これが私の一つの疑問だった。『きけ　わだつみのこえ』は青春の悲しい本としてよく売れた本です。だけど、それよりも、嫌なのに引

『朝鮮人学徒出陣――もう一つのわだつみのこえ』（一九九七年、岩波書店）

っ張り出されて日本兵にされたという人たちの思いはどうだったかということですね。

朝鮮人学徒出陣のことをやってみようと思ったらいろいろな資料が出てきて、特に朝鮮半島ではものすごい嵐が吹き荒れるかたちで行われたことが見えてきました。そしてそのことはあの頃の若い人たちの悲劇であり、同時にそこに親日派の問題も出てくるんです。日本の総督府だけがやったんじゃない、親日派という朝鮮人の中の一部の反逆者たちが一生懸命美化して送り出したということがあった。彼らは解放後も韓国の政権を握ったということなんです。これはいったいどういうことなんだということが私の問題意識なんです。

調べてみると、彼らの書いた悔しい思いの本がたくさん出てくるわけです。体験者からもたくさん話を聞きました。当時のマスコミや総督府の政策とかいろいろなものが出てきます。人を駆り出すとき、嘘八百を並べて、兵隊に行けば大東亜共栄圏を作る日本人になれるんだと言う。それなのに戦後処理が何もされてない。あそこに書いたことはそういうことです。

県大のときにこの本を出して、同時に呂運亨のことをゼミの生徒たちに手伝ってもらって調べてました。県大はありがたいことに研究費が出たので学生たちのアルバイト料にもなった。そういう意味では本当に県大にも感謝したいと思っています。

故国を向く墓

県大の夏休み中に二度ほど大阪、神戸を歩いたことがあります。同胞の密集する長田や三宮、生野の匂いをかぎながら雑踏の中を歩きました。青丘文庫や神戸学生青年センター、猪飼野朝鮮図書室など、小粒ですが確かな文化施設があって民族が生きていると感じましたね。東京とは違う感じがしました。

このとき偶然二、三の墓地に行きました。土饅頭を見かけ同胞の墓だと思い立ち寄ったのです。土饅頭は一つだけでなくいくつもいくつも並んでいて見回したらあたりは同胞の墓ばかりでしたよ。墓はみな大阪平野を見下ろしていて、西のほうを向いていました。西方浄土の思想じゃなくて故国を向いていることは明らかでした。少なくとも私にはそう思えました。墓碑銘を丹念に読んでいくと、墓のほとんどが二〇年くらい前――一九七〇年代に造られたことが分かりました。昭和一ケタとか大正など一つも無くてね、そこに同胞たちの在日の歴史や深まりを感じました。時の流れと風化を思いましたが、もう一つの発見もありました。墓地には無窮花が咲きコスモスも咲いていました。墓石には全部本名が刻まれていて、本貫、出身地、渡日の由来、建墓者の現住所、遺族の名前までが列記してあって通名を付したものは一つも無かったですね。

大阪は庶民の町と言いますが、差別意識の強い人たちが多いところでもあります。そのため同胞たちも通名の保護色を使う人たちも多くなります。差別と偏見、そのための一般化、棘のいたちごっこ、そんなことを聞いていて私もそう思い込んでいました。そんな私に墓地の民族性や墓石の本名宣言は驚きでもありました。本名で渡日して、通名で暮らし通して死後本名に戻る。通名だけを知っている人が墓前を通ってもそれが誰のお墓か分からない、そう考えたとき在日とは何か、仮の宿ではないか、それでいいのかの思いがつきあがってきました。悲しみとも怒りともつかない妙なものでした。

朴慶植文庫設立の経緯

滋賀県立大学には朴慶植の文庫があります。

生前朴慶植は集めた資料の資料館を作ろうといろいろ同胞たちに声をかけていました。けれど、あれだけのものを集めて一つの殿堂を作るというのはお金のいることで、なかなかそういうものにお金を出せる仲間たち、先輩、同僚、同胞はいなかったと思います。

アリランの朴載日にも相談があったようです。朴慶植の思いを少しでも残せるようにと思い、苦労していました。できたら自分で、アリランで所有したいという思いもあったけれど、彼はその頃財政的に斜陽になっていて手が出せないでいた。それは見果てぬ夢みたいなものだったと思います。

そうしたときに朴慶植が急に亡くなった。もし一つ一つ古本屋に売れば、それはそれで家族にはかなりお金が入っただろうと思います。だけど家族も集めたものをバラバラにすることは望まなかった。朴慶植を囲んで在日史をやる連中もいたし、その連中も雲散霧消にしたくないという強い希望があって、それでこれをどうするかという委員会のようなものができたんです。私もそれに加わっていました。総連と関わるのは遺族がすごく反対しました。民団の側でも有力者が彼の気持ちを察して、できるんじゃないかという話はありましたね。清水に金弘茂《キムホンム》さんという民族団体に貢献した人がいて、彼なんかがいろいろ動きました。だけど、やはり建物を建てることもたいへんだし、保管するにもたいへんなお金がかかる。どれだけの一時金を遺族に渡せるかということもあり、全部だめになっていく。

それで取りあえず、朴慶植の事務所と家にあるものはいちおう全部を川口のアリランの三階に持ってきたのです。借りていた事務所を返す必要がありましたから。それをしたのは朴載日です。それからあれこれみんなで、どうするかということを考えていました。

設立場所として一つは川崎市が立候補しましたね。もう一つは早稲田大学も立候補しました。だけど遺族に対する謝礼は出ない。整理して目録を作るだけでもたいへんな金がかかるわけです。

話が前に戻りますが、私の息子の結婚式のときに県大の学長が見えたんです。そのとき朴慶植と席が近かったので紹介したことがありました。

滋賀県立大学の朴慶植文庫（館内のみ閲覧が可能、写真提供：河かおる）

学長はそこで朴慶植と初めて会ったのだと思いますが、そういう問題を抱えているということがわかったのですね。県大建学のときには私も参加してアジア学科というのを作りました。その頃の方針は東アジアに重点を置き、朝鮮専門には、私もいたし朝鮮古代史の田中俊明先生もいたし、朝鮮中心で行こうとしていました。新しくできた県大が、他の大学と張りあうためには、ほかの大学がやっていないものをやろうということになり、ウラルアルタイ、チベット、モンゴル、朝鮮、そういう中国周辺のウラルアルタイ言語の専門家がいるので、朝鮮は大事なところだ、そういうことが教授会で納得されたんです。それを説得したのが私です。それで私はそこの専任になっていく。できてから三、四年目ですかね、大学院を作るという話があって大学院の中にやはり朝鮮史の大学院を作ろうじゃないか、と話をしたら、なにか教授会がうまく行ったのですよね。あっさりと認めてくれたのです。そのときに朴慶植先生が亡くなったという話が出て、彼の資料がどこへ行くかという話があった。教授会での詳しい話は私にはわかりませんが、いいじゃないかという話になって受け入れの条件ができたのですね。県大としては朴慶植の蔵書をもとに関西の朝鮮史の拠点を作ろうという構想があったと思います。けれどもその後、建学のときにいた教員たちがいなくなるにつれて変わってくるわけです。文庫を作ったことはいいけれど、それを利用しようというかたちに展開できないというのが今の現状だろうと思います。場所が辺鄙なところなのでなかなか利用されていないというのが残念です。今は准教授の河かおるが管理していますが、朝鮮史の講座も彼女がやっています。ただ前に比べて学ぶ学生が少ないようです。

県大に朴慶植文庫ができたときはマスコミも大騒ぎになりました。これはちょうど日韓の関係がたいへん良くて、朝鮮問題が大事だという認識があったときのことです。いろんな大学に、朝鮮語・韓国語の語学教室がたくさんできているときであり、教員が足りない、そういう時代だった。そういうときに収まってくれて良かったと思います。

姜在彦先生の文庫も一緒に県大に入りました。それなのに朴慶植の資料が手にしづらくなってしまって惜しいという声が出てきて、「誰がやったのか」、「お前だ（姜徳相）」、そういうことがありました。韓国からも県大が出した金より余計に出すという提案があったのですが、遺族は県大でいいということでした。そういうことがありました。それが、一九九〇年代の終わり頃、二〇〇〇年にかけての状況でした。
　県大には七年いました。七〇過ぎぐらいまで。あと一〇年早かったらもう少し違った展開だったと思います。大学に研究職があるのとないのとでは、雲泥の差だということがよくわかりました。学校の研究施設が使えるということ、学生は手足になってくれるし。研究者同士は仲はいいけどみんなライバルですから、そうみんなが手助けしてくれるということはないわけですよ。それに教員をしていると講義をするのに自分が学ばなければならない。それはずいぶん違うのです。一つ一つについてもう一回自分で確認してやるということがあります。だから蓄積がそれだけ進むということがあります。

在日韓人歴史資料館設立

　盧武鉉《ノムヒョン》政権ができた頃（二〇〇二年二月）でした。韓国は政権が変わるとみんな一気に変わる。それで民団の中のある良識派が、総連は図書館も大学も持っているのに民団にはないじゃないか、そういう反省が出てきました。それで「在日同胞二一世紀委員会」というのを作った。そこで、朴慶植の本を滋賀県大にやった私が呼ばれた。県大で朴慶植の資料を整理したときの、ある意味後遺症がありましたね。朴慶植の資料をなぜ民族団体が保管できなかったかという反省です。そして県大でああいうかたちで処理した私がある面で悪者にされるわけですが同時にもう少し民族側が力を持ってやれなかったのかという反省が出てくるわけです。

そして、「歴史資料館」を作りたいと民団の幹部たちが私のところに来たんです。「あなたがちょっとやってくれ」と。

民団からは「資料館を作りたい。韓国中央会館を改造して作ろうと思う、予算はこれだけ」という相談がありました。それで「それはいいことだ、やりましょう」と言いました。ただ「ここは図書館というかたちでやってはだめだ。図書というのは研究者だけが利用することになってしまうので、もっと在日を知らせるためには在日の生活文化、これをきちっと展示できるような場にしなければならない」と言いました。一世がどんどん亡くなっていくときで、物もなくなってくる。それで、それらを確保して展示する。図書もむろん備える、ただし在日に関連する図書に限って備える。そうしないとキリがありませんから。そういうことで、委員長になった私が朴載日に話して、彼に副委員長になってもらい民団の仕事としてやろうということになった。

それからは貴重なものがどこそこの家にあるはずだと聞くと、だいたいの見当をつけて、全国をまわり探してくる。けれども、「もう少し早かったら」とか、「一世がいたときにはあったけれど」と言われたり、「捨ててしまった」と言われたり、そういうことがたくさんありました。でも、最後には何とか集まりました。ないものについては復元しました。オンドル部屋は私が実際に見て知っていたから、再現している。そこに一世たちの持っていた家財道具を置いていく、そういうかたちで作ったのです。そうやって復元したものです。

実際に仕事を始めたのは二〇〇〇年になってからです。スタッフはアリランのスタッフ、それが二年間くらい続きました。こうしてかろうじて残すことができた。だから資料館は図書館というより博物館です。朴載日がそこになぜ副委員長として入ったかと言えば、朴慶植文庫を失っ

館内に再現されたオンドル部屋
（写真提供：在日韓人歴史資料館）

た残念さで、そこに入ったのです。朴文庫でできなかったものをそこに作ろうとしたということです。

調査委員会は二年か二年半くらい続いて開館にこぎつけることができ、私が館長となりました。だから文化センター・アリランの館長と兼務です。調査、準備、改装にかかる費用などの予算が韓国政府からついてできた事業でした。

資料館ができてからは、それを周知させるために民団の支部で資料館の資料を順番に展示し、福岡、名古屋、大阪と移動して行きました。そうするとまたその地域のいろんなものが集まってきました。九州の民団支部は九州地方に全部あるのですが福岡が中心です。下関は別でしたね、たくさん同胞がいるので。大阪、名古屋、仙台、行って帰ってくるのも大変です。韓国のソウルにも行きました。

その中でも特に忘れられないのが第八回の企画展（二〇一一年一〇月四日〜一二月二四日）です。「林えいだい写真展『軍艦島・朝鮮人強制連行の記憶』」と題して実施しました。

「列島の中のアリラン」ソウル展ポスター（二〇一二年八月一〇日〜九月三〇日、資料提供：在日韓人歴史資料館）

隠蔽され無かったことにされた過去を掘り起こし大著に紡ぎ出す林えいだいの手法は体験者たちの証言の蒐集、いわゆる「聞き書き」であります。生存者はいうまでもなく、名前の知られる「死者」や遺族への手紙、そして寺に残る遺骨の調査、役所の死亡届、火葬許可書などの掘り出しと分析です。それと併行して言わば加害者側の会社の労務者や元警察官、特高などからの話を丹念に集めて史実に立体感を与えています。簡単に「聞き書き」と言いますが、当事者はみな老人であり、約束の日に訪ねたら葬式の日だったということもありました。時間との競争です。また、第三者である林えいだいが当事者の被害者意識、加害者意識を解きほぐし、心を開かせる信頼関係を得るまでの心配り、とりわけ元労務や元特高の話を取るには門前払いから「君なら話してもいいや」という信頼を得るまでの長い心労があったことを忘れてはならないと思います。著作にぎっしり詰まった何百点に及ぶ労働現場の貴重な写真や「労務日誌」等々の一級資料の多くは、元労務や元警察官の提供です。どの一つをとっても林の「真実」を明かす不屈の精神が相手を説得した成果であると思います。とりわけ日本には朝鮮への深い差別感、故なき感情的反発があってその労苦は筆紙に尽くしがたい人間的努力があったはずだと思います。

私は軍艦島に行ったことがあります（二〇一〇年九月八日）。水路往復四〇キロメートル、三時間の小旅行でした。外洋に出て東西一六〇メートル、南北四八〇メートルの人工島が視界に入ると鉱員の宿舎、管理塔や積出施設などの外観が旧海軍軍艦「土佐」に似ているので別に軍艦島と言われるとの説明が流れてきました。上陸すると二〇人ほどのグループに分けられ、長崎県の嘱託でという人に引率されて三〇分ほど廃墟と化した諸施設を一巡しました。引率者の口をついてでる説明は、日本近代化の産業遺跡としての意味、この島で働いた人は最も高い給金を支給され、家族は高層アパートで最高の文化生活を享受したことを一方的に強調するものでした。朝鮮人、中国人にとって監獄島であり海底の過酷な労働現場であったことへの言及は一言もありません。この残骸こそ強制連行の証拠物、ふたをされてなるものかと思いました。『写真記録筑豊・軍艦島』の著者、林えいだい（＊59）の思いなど露ほども無いのです。ボランティアの一人はフランスのモンサンミッシェルと似ているので世

＊59　林えいだい
はやし・えいだい（一九三三～二〇一七）

界遺産申請を考慮中と自慢タラタラでした。明治の栄光史観というか、やたら横柄づくの説明と思った途端、緑ひとつないフライパンの上にいるような酷熱に気づきました。

韓国でも資料館の展示は盛況で一か月半やりました。そこではソウル歴史博物館が主催して予算も全部そこでつけて盛大にやりました。こちらは運ぶだけです。向こうで全てやってくれました。韓国ではもう使われていないものを持って行ったからね。洗濯に使う砧《きぬた》とか、昔使われていたんだけど今の韓国では見られないものです。それが日本には残っていたから見学者にはわかったと思います。

資料館の名前は「在日韓人歴史資料館」にしました。国ではないので「韓国」とはつけられない。かといって、朝鮮資料館というわけにもいかないでしょ。「韓人」ならば、南北を包摂できます。まわりにはかなり抵抗がありました。だから私は「西瓜（すいか）だ」と言われましたね、中は赤いと。でも国と民族は分けなければなりませんから。あそこには朝鮮学校の資料もたくさんあります。弾圧の資料が。「なんであそこに朝鮮学校のものを持ってくるのだ」とよく言われました。資料館は

福岡県香春町に生まれる。記録作家。ありらん文庫主宰。徹底した聞き取り調査で、公害、朝鮮人強制連行、差別、特攻隊など民衆を苦しめた歴史の闇を暴きつづける。読売教育賞（一九六七年）、朝日・明るい社会賞（一九六九年）、青丘出版文化賞（一九九〇年）、平和・協同ジャーナリスト基金賞（二〇〇七年）、各受賞。『清算されない昭和　朝鮮人強制連行の記録』（岩波書店）、『大刀洗さくら弾機事件』（新評論）、『《写真記録》筑豊・軍艦島　朝鮮人強制連行、その後』（弦書房）など、著書多数。

民団とは別団体であるということ、それを強調しました。理事長もいるし館長もいるし、民団をとおして韓国から補助金はもらっているけれど、民団とは別団体だから干渉すべきではないということです。

私は、スタッフには資料館は民団とは別の団体なのだから、民団の言うことを聞く必要はないと言っています。

第6部 いま思うこと

韓人歴史資料館にて

自然にしたがって生きる

弟の帰国後、母は一度だけ弟に会いに行っています。ポプラ事件(*60)があって早く帰ってきましたけれどね。私は会いに行ったことがないんです。行かなかった理由はいっぱいありますが、理由の一つは私が韓国に行ったことです。

時代が流れて、私の娘、息子、孫たちがみな、成人してくる。これはもう私と違って日本に土着するというか、みんなそうです。国籍は違うけれど、考え方は日本人と同じです。だから強要する気はない、自然にしたがっていけばいいと思っています。自分たちが日本名をこれから名乗るならそれはそれでいいし、日本人と結婚するという状況になればそれもそれでしょうがない。人間は動物や植物と同じで、その地域に自然に同化していく。これは止むを得ません。ただ、ルーツは忘れるなよというようことだと思います。

これは金達寿から聞いた話です。学生たちにもよく言うんですけれど。彼は八〇年代の初めに韓国に行きました。彼と姜在彦と李進熙、もう一人、みんなで四人です。韓国の詩人、金芝河を救出するためということ

*60　ポプラ事件
事件の発端となったポプラ並木は、共和国側によって共同警備区域内の「帰らざる橋」の近くに三〇mにわたって植えられたものだった。当時、共同警備区域に置かれた監視所の視界を遮るまでに成長。このため国連軍は朝鮮人民軍に対してポプラの木の剪定を行うように通告したが、人民軍はポプラは金日成主席が自ら植えて育てたもので現在もその指導下で生育しているとして国連軍による剪定を認めなかった。ところが一九七六年八月一八日、韓国軍兵士や米陸軍工兵隊らがポプラ並木を剪定しようとしたため人民軍と乱闘になった。この過程で二名の米陸軍士官が殺害された。三日後の二一日、「ポール・バニヤン作戦」(Operation Paul Bunyan)を発動がされたが、衝突することなくポプラの樹は伐採された。

でした。当時は世間を騒がせる話題になりましたね。そのとき、金達寿はこんなことを言ってましたね。彼は朝鮮のカボチャ——韓国でホバクというのですが、ホバクは日本のカボチャと違って少し小さいのですが、これが大好きでその種を日本に持ってきたんです。そして「植えてみたら最初は朝鮮カボチャができた。二代目になったらちょっと変なカボチャができた。三代目になったら日本カボチャができた。そしてこれが植物、生物の原則なんだ。だから長くいればそういう現象が起こるのが当たり前なんだ」と、こういうことを言いました。ただ、そのとき彼は私にこうも言いました。「薩摩の窯元、沈壽官（＊61）は四〇〇年経っても沈壽官を守り、ルーツを忘れていない。それは人間が草や花じゃないからだ。脳を持った存在だからだ。そういう先祖を忘れないというところにそれが現れているんだ」と。彼は私に教えるように、そう言いましたよ。そのことをいつも思い出すんです。

日本のやくざ映画から考えること

在留カードの更新は今は七年ごとです。以前は三年、その前は二年で

その後、金日成主席が「遺憾の意」を示して謝罪、共和国側の提案で、共同警備区域内にも軍事境界線を引いて両者の人員を隔離することを決定した。

＊61 沈壽官
ちん・じゅかん

現在一五代沈壽官。一五九八年豊臣秀吉の二度目の朝鮮侵略（慶長の役）時、島津義弘は朝鮮から多くの技術者を薩摩に連行してきた。その中に初代の沈当吉がいた。陶工たちは、薩摩（現鹿児島）に連行された後、陶器の原料を薩摩の山野に求め、薩摩焼を造り出していった。江戸時代、薩摩藩主であった島津家は朝鮮人技術者たちを手厚くもてなし、士分を与え、門を構え、塀を巡らすことを許す代わりに、その姓を変える事を禁じ、言葉や習俗も朝鮮のそれを維持

す。だからめんどくさい。在留カードが「外国人登録証明書」と呼ばれていた時代、持ってないと不携帯罪ということで逮捕されました。僕は前科三犯です。風呂屋の帰りにやられたんですよ。公安部に「(北朝鮮に帰国した)弟からどんな手紙くるか」と聞かれた。それが目的でパクられたようなものです。こちらは「馬鹿言うな」です。これは科料で前科がつくんです。かつて吉田首相が「朝鮮人の前科者五〇万」と言ったことがある。全部外国人登録法(*62)違反です。狙い撃ち。それと、まぁ、うっかりがあるんですよ。

僕の前科三犯の内容をいうと、第一犯はステテコで風呂屋行った帰り、おでん屋で友だちと食べていたら、「おい持っているか」と。二回目は朝鮮奨学会で左右の学生同士の喧嘩があったときのことです。それで警察が警備をするようになって、受付に警官が座っているんです。僕はそんなこと知らないから用事があって行って、受付で「登録見せろ」と言われた。持っていない人はそのまま淀橋警察です。八時間留置されました。でもこれも前科。

映画では、朝鮮人ヤクザが悪者で日本人ヤクザと闘う東映映画が多か

するように命じた。幕末に一二代壽官を輩出し、薩摩焼の作品は、技術、芸術面において世界から絶賛を浴びた。近現代においては日清、日露戦争、義兵闘争、一九一〇年「韓国併合」により朝鮮人陶工たちは、差別偏見の中にありながらも薩摩焼を守り続けた。一九六八年、司馬遼太郎『故郷忘じがたく候』の主人公として、一四代沈壽官が登場、多くの人たちに親しまれるようになる。

「薩摩焼四〇〇年祭」を迎えた一九九八年、金大中大韓民国大統領より大韓民国銀冠文化勲章を受賞した。現一五代沈壽官は、イタリア、韓国に修業し「薩摩焼」の伝統を受け継ぐ努力をしている。

*62　外国人登録法

一九四七年に施行された「外

ったでしょう。あの頃の新聞なんか見ると、朝鮮人ですごくいいことしたのは全部日本名で出てくるんです。たとえば教会の牧師でこういう善いことをしたと記事にするときは日本名です。ひどいことをすると朝鮮名です。最近また、そういう傾向です。それで反韓、反朝鮮感情、そんなものを煽る。日本人の弱点は、朝鮮と日本の関係をあまりにも知らなすぎることです。そして政権の煽動に乗りやすい。こういうことは日本の歴史の教え方がまちがっているから起こることです。徴用工の問題もそうですね。慰安婦の問題もそうです。

今、北との問題が残っているでしょ。日本はこれを一番怖がっている、僕はそう思っている。

日本はアメリカの言うとおりになるんだから、これから共和国（朝鮮民主主義人民共和国）との交渉をどうしたってやらなきゃならない。そのときに日韓条約のような形で日本は解決しようとしているが、そうはいかない。共和国はそれはもうちゃんと主張します。そうしたらどうするか。共和国が主張すれば、韓国も黙っていません。これはたいへんな問題です。今まで七十何年間、国の名前もきちんと言わないで、対立し

国人登録令」によって在日朝鮮人は「外国人」とみなされ、国籍欄には「朝鮮」と記載される。「外国人登録証明書」の常時携帯と提示義務が課せられた。一九五二年、サンフランシスコ条約の発効と共に外登令は、「指紋押捺」を義務づけた「外国人登録法」に衣がえした。

て喧嘩をする姿勢でいた。歴史反省なんか全くない。米朝関係が進めば、そういう相手といやだって向かわざるを得ない。そうしたときにどうするかというのが今日本政府が一番頭が痛いことでしょう。だから戦後補償、「慰安婦」の問題、徴用工の問題、譲歩できない。そういう状況だと思います。

北と南が一緒になることは日本の脅威なんです。日本は分断を国策としてきたからです。戦後の日本の外交方針を一変しなきゃならない。李承晩政権、朴正熙政権と、やってきたことがみんなばれてきちゃった。

日本の近代一五〇年を振り返る

日本の近代の歴史の中で、日本が輝かしいと思っているのは明治維新、日清、日露戦争、それから次は大正デモクラシーです。だが日本人が明るく明るく見ようとするときに朝鮮はどうだったか。もっと対照的にいえば大正デモクラシーと三・一運動。あるいは関東大震災、これはもろにぶつかるわけです。それから植民地支配、これが朝鮮にとってどういうものだったかということ、そして戦後に日本がとった政策、そういう問題を一つ一つ解いていくのは、時間がかかると思います。一つ一つは違いますが、これらをとおしてみると一貫性があると思うんです。それを見直す必要があるというのが私の歴史観です。

朝鮮は李朝の崩壊期から近代一五〇年を見ると朝鮮の場合は、国が亡くなる、植民地になる、解放、そして分断を強いられる時代です。日本はどうかというと、表向きは明治維新で近代国家となり、五大帝国、大国の一つとなり、無謀な戦争で負ける。けれども日本人は、これはアメリカに負けたのであって、中国や朝鮮に負けたのではないと考えている。

その後の七〇年は対米従属ですよね。その中で国家的には経済の繁栄がありました。これは過去の歴史を埋めて、その上で現在を謳歌している。このことは現代の中国、朝鮮に対して、東南アジア諸国、その他の国に対してもそうですけど、ある意味で日本のおごりというかたちで関係が続いていることになっていると思います。そういう関係が最も鋭く出ているのが朝鮮だろうと思います。それは在日朝鮮人の戦後処理を見れば明らかだし、植民地支配の始末をしないことから分断がますます固定化してきたという問題があります。今なお、日本は分断を国是としていると思います。朝鮮の統一を望んでいないのは、アメリカよりも日本の今の政権だと思います。そういうことがどこから来るのかという問題です。それは、日本のことだけ分析していてはわからない。やられた側、朝鮮からの分析が必要です。そうすれば問題点が胸に突き刺さるかたちで直線的に入ってくると思います。

戦後の眼差し

僕は今、夜、暇なので昔のやくざ映画をよく見るんです。朝鮮人が出てくるのはやくざ映画が一番多いんですね。安藤昇がやくざの善玉の大将で、やくざの悪玉役は小池朝雄です。小池朝雄というのが青山高校の同級生で演劇部にいました。その後文学座に入ったんですね。

映画には日本は戦争に負けた、何もなくなった、そこへ闇市の中で朝鮮人にいばられてたまるかというやくざが出てくるわけです。これがあの頃、映画を見て日本人が鬱憤を晴らすということになってくるんだと思いました。たくさん見られたと思いますね。へんてこな日本語を使う俳優がいるんですよ、しょっちゅう出てきます。看板には「第三国人連盟」とある、朝鮮人連盟(＊63)ではなく。映画が作られたのは一九五〇年代でしょうか。日本が少し落ち着いてきた頃、闇市がちょっと懐かしいと思われるころです。ぼくは学生に「やくざ映画の中に出てくる朝鮮というのをよく見て論文を書けばいい論文になるよ」と言うんですが。

つい最近の新聞に、暴力団の親分が捕まったとありましたね。新聞に大きく出ました。新聞に日本名と本名なんとかと出てくる。この人はおそらくやくざ社会で隠していたのだと思います。それをわざわざ本名をさらし報道することの意味はなんでしょうか。

言いがかりをつけて結んだ「日朝修好条規」

日本史で教わらない部分、たとえば、日朝修好条規。本当にあのとき、日本の軍用艦が領海に入って行ったら大砲を撃たれ、それに対する自衛として始まったのか。そうじゃなくて、日本が仕掛けたわけです。領海に入ってくること自体おかしいわけです。あの頃でも国際関係というのはちゃんとあるわけです。入ってくるなと警告したのに日本が入ってきたわけでしょ。そういうことなんですよ。それを日本では砲撃されたか

＊63　朝鮮人連盟
一九四五年八月一五日、解放の日を歓喜のもとに迎えた在日朝鮮人にとってまず何よりも故国への帰国と生活権を守ることが当面の課題であった。そのために各地に多くの自主的な団体が組織されていった。それらがいくつか結集し、朝鮮建設への献身的努力、世界平和の恒久維持、在留同胞の生活安定、帰国の便宜と秩序、日本国民との互譲友誼を、そして目的達成のためには、大同団結を掲げ、在日本朝鮮人連盟（朝連）を組織した（一九四五年一〇月一五日）。朝連は、間もなく日本共産党の指導方針のもとに左翼的な色彩を持つようになった。朝鮮人の帰国に関して日本政府は対応をしなかったので、朝連は一九四六年春ごろまで帰還業務を代行してやっていた。さらに子どもたちの民族教育にも力を注ぐ。

らやったんだということになる。そういうかたちで言いがかりをつける。

もう一つ、そこで大事なのは日本が欧米から強要された不平等条約。アメリカやイギリス、フランスから強要された領事裁判権、自国貨幣の通用、関税自主権を認めない、と三つありますね。それをそのまま日本が当時の朝鮮に押しつけた、しかも拡大するかたちです。これが日朝修好条規です。

日本にはアメリカやイギリスにやられた不平等な条約による国家損失、貿易損失がありました。あの頃、日本の金がどんどん流れていきます。日本は金銀複本位だったでしょ。江戸が金で大阪が銀、金銀の価値が国際水準と違うんですね。そこを欧米人が利用して、銀を持ちこんできて、金を買い出す。こういうことの中で日本の金貨が外国に流れる。大変な状態になるわけです。日本がなかなか金本位になれないという状況が出てきます。要するに欧米に対して従属国家になるわけです。関税が日本の場合は五パーセントになる。百円買えば五円ということです。それ以上はどういうものであっても関税をかけられない。するとどういうことが起こるかというと、たとえばイギリスのウイスキー、ジョニ黒

一九四八年に南の大韓民国、北に朝鮮民主主義人民共和国が樹立され、朝連は共和国、民団は大韓民国を祖国とし、運動を展開していった。一九四九年九月GHQ指令の下、日本政府は団体等規正令を朝連に適用し、反民主主義的暴力団体として解散させ、その財産を没収すると同時に幹部を公職追放した。

か、高いですよね。けれど、イギリスでは安いんですよ。日本では関税がかかるから高いんです。なぜかというと、日本の洋酒を守るためには高い関税をかけなければ、ジョニーウォーカーにサントリーは負けちゃう。日本の会社はつぶれちゃう。それと同じことになるんです。高い関税を無視されると日本の産業が育たない、全部輸入になっちゃう。そういう問題、これが二つ目です。

もう一つは領事裁判権。欧米人の犯行はすべて、日本の官憲は裁けない。すべてアメリカの領事が裁く。ですから港町でいろいろ紛争が起こると日本は不利だという関係です。これが不平等条約です。もっとたくさんあるんですが、この三本が特徴的に出てきます。

その安政条約（日米修好通商条約）は、日本と朝鮮が江華条約を結ぶより二〇年くらい前の話です。これが結ばれた弊害というものを日本はよくわかっているわけです。それをそのまま朝鮮に持ちこむわけです。領事裁判権、日本貨幣の流通OK、それから貿易関税は無関税です。関税なしです。朝鮮と日本は米も麦も綿もみんな同じようにできるから、関税をなしにしよう、ということです。朝鮮の役人は孔子様はよく読んでいるんですけどね、世界のそういうことには全く無頓着で、本当に馬鹿で、ころりとだまされる。日本と朝鮮の貿易が始まると宝物は朝鮮にあるとばかりに日本人がばーっと行く。たちまちのうちに釜山が日本の植民地になり、仁川がなり、さらに元山に日本人町ができ、そこで勝手なことができる。日本としてはアメリカに絞られるけど、朝鮮で取り返せというかたちになるんです。これが一八七六年の日朝修好条規の内実です。

日本人は壬午軍乱をどうみたか

明治九年、一八七六年に日朝修好条規ができてから六年後に壬午軍人暴動が起きるでしょ。

これは何かというと、米なんかを全部、日本が安く買いたたくわけですね。どんどん日本に流れていくわけです。だから町にいた人たちは米のめしが食えなくなる。特に給料を米でもらっていたわけですからね。それで一番困窮してきたのが軍人たちです。米で給料もらうと、米の中に土だったり、小石が入っていたり、そういう米が出てきたというんで、これが壬午軍人暴動というかたちで現われてくるわけですね。つまり明治九年から一五年まで、約六年間というのは、日本が朝鮮の貿易を全部支配したときと言えます。あの頃の朝鮮は他の国とは国交を結ばない、通商関係がないわけです。だから日本が独り占めする。小さい船一艘で一万円儲かったという。たくさんの貿易が始まってね。あの頃の日本の新聞にはたくさん出てきますよ、朝鮮には金のなる木がある、そういう話まで出てくる。ああいう小さい国ですからね、たちまちのうちに、弊害というものが民衆生活にしわ寄せされるわけです。給料もらったら食えないものだった。これが一つの口実になって、軍人暴動というものが起こります。

壬午軍人暴動は明治一五年七月かなんかに起こるんですね。それをやったのは朝鮮の開化派といわれる連中ではなく、守旧派が中心です。朝鮮の皇帝のお父さんである大院君なんかが中心になったもので、軍隊が反乱を起こして日本公使館を包囲するという状況ができるんです。彼らは包囲しただけで、別にそこを攻撃したわけではない。日本の公使たちは、自分たちが逃げられないということで、自ら火を放って仁川に退却するんです。

それを日本ではどう言ったかというと、「朝鮮で反日運動が起こった、条約違反だ、朝鮮とすぐに開戦すべし」です。東大に明治新聞雑誌文庫というのがあります。一度みなさん、そこに行って、明治一五年の七月、八月、九月の新聞を見てみてください。いろんな新聞がありますから、その新聞の紙面にどういうことが書いてあるか、むちゃくちゃです。とにかく朝鮮討つべし、戦争すべし。そして朝鮮の悪口、いろんな悪口、ものすごく書いています。これを日本の歴史学者、なんて言ったかな、このころの研究をしている有名な人がいるんです。この方が、日本の排外ナショナリズムの最初の展開というのかな、これは壬午軍人暴動だと書いています。とにかく排外主義を煽りたてるのが、このときの日本の新聞、世論。もちろん、政府がそういう姿勢でいるということです。

自由民権運動と朝鮮

このころ、本当に奇妙なことですが、日本では自由民権運動というのがあったんです。それで政府と対立しているんです。ところがこの自由民権を唱える人間たちが、政府よりもっと朝鮮に対する排外主義が過激なんです。

自由民権百年というときがありました。もう三、四〇年くらい前になるかな、私が若いときです。そのときに日本の歴史学会で自由民権百年のシンポジウムがあった。みんな自由民権、自由民権ってやるんですよ、いまの自由の原点だと。

だから「バカ言うな」と。「このときに小さいことで内輪もめするよりも、一つになって外敵に当たれとこう言っているじゃないか」そう言ってやったことがあります。はっきり覚えています。

自由民権の自由党、これが分裂するんです。秩父事件だ、やれ、何事件だの、ありますね。私に言わせると、これは嘘っぱち。朝鮮というものを前にしたとき、彼らが最も排外的です。そのもとで自由民権が割れます。板垣退助なんかはまさにそうで旗幟《きし》を明らかにします。それから自由党が崩壊、解散します。そのときになんと言ったかというと、「小さいことで内輪もめするよりも、一つになって外敵に当たれ」と。こういうことが自由党解党宣言書の中にあります。(自由党は一八八一年結

党、八四年解党)
　それから、自由党が解党すると、解党した仲間の大阪の連中が、本部を朝鮮へ持っていって、そこを根城にして戻ってくるんだと言います(大阪事件)。なんて言ったかな、有名な男ですよ(大井憲太郎)。
　そのことについて中国研究所の所長をやった先生が、「連帯」という言葉で、日韓の連帯の始まりがそれだということを言いだしたのです。当時の日本の歴史学会では、あの頃「日韓連帯」「日中連帯」、こういう話がいっぱいありました。僕はあぜんとして、「先生、連帯というのはお互いに協力することです。あなた方は、朝鮮のどこに行って根拠地を作って、もう一回日本に戻って来るということを言うんですか？　あまりばかなことを言わないでください」と言ったことがあります。まだ私、若いころで無鉄砲だったんですけど、今思えば、別に無鉄砲じゃないですね。
　私が歴史を始めるころですから、一九六〇年ぐらいですね、日韓連帯ということが言いだされた頃の話です。日韓の国交問題が起こって、梶村や宮田がいろいろ活躍するころの話です。歴史学研究会という、なんか進歩陣営のような大会でそういう話があった。なんたることかということです。「連帯というのはお互いが助け合うということであって、日本人が朝鮮を侵略して、侵略での産物を持ってまた日本に帰ろうとするのが連帯と言えるのか」、そういうようなことで、話をしたことがありました。日本で、アジア連帯とか、中国、朝鮮との連帯とか言いだした頃は、そういう水準です。

自由民権の連中はその後どうなったか。大逆事件で処刑された中に、一人います（奥宮健之）。明治政府成立直後の対朝鮮ナショナリズムの主導者です。これはいったいどういうことなのかという問題です。明治の日本人に本当の連帯意識を持っている人がいるのかどうかという、そういう問題になるんです。朝鮮に行ってそこで力を養って帰ってくる、いったいどこの誰と手を結んでそういうことをやるのか。これはでたらめを言っているのではないですよ。

日本のナショナリズムというのは対韓対朝鮮ナショナリズム、対中もそうです。非常にそういう意味での甘さがあるね。日本人にもそういう芽生えがあったんだということによって、相対化しようとする、そういう甘さがあると思います。今でも、それはいろんな意味で残っていると思います。

相手を対等に見る、対等な関係でないとだめだと思いますね。遅れている国だ、私たちが先進国だ、そういううぬぼれの眼で見たらだめですよね。今でも日本には朝鮮を見る眼も中国を見る眼も、フィリピンを見る眼も、自分は先進国だ、どこかそういううぬぼれがあります。私はそれが一番問題だと思います。これは明治の初めに起こった日本人の対韓認識の、自由民権の連中ですらこうだったということです。内に民権、外に排外。

植民地ファシズムが先行する

大正デモクラシーも同じです。大正デモクラシーというのは、自己愛です。大正デモクラートが三・一運動をどのように認識したのか。朝鮮総督府の憲兵支配を自由民権という立場、あるいは大正デモクラートたちの自由という眼で見たときにどう映ったのか。何もないですよ、研究もない。それをやろうとしたのは京都にいた、亡くなった松尾尊兊(＊64)

＊64　松尾尊兊
まつお・たかよし（一九二九〜二〇一四）
日本近現代史研究者、京都大学名誉教授。大正期の民衆運動史や吉野作造、石橋湛山の植民地論、大正デモクラシー史の実証的研究に先駆的業績を残す。一九六三年関東大震災時の朝鮮人虐殺についての論文を発表、同時期に同じテーマで論文を書いた姜徳相と流言をめぐって論争するも、虐殺八〇周年の二〇〇三年、姜徳相の官憲説に拍手を送る。著書『大正デモクラシーの研究』『大正デモクラシー』『大正デモクラシーの群像』等多数。

です。彼はそういうことが大事だと気がついた第一人者だと思いますね。たくさん著書を書かれています。ファシズムも、植民地ファシズムが先行するんですよ。みな朝鮮総督府のファシズムをまねてきています。大政翼賛会はまさにそれです。

みなさんが知っている〈もんぺ〉。あれは朝鮮で色衣奨励をやらせて、女性用に服を作ったときのモデルです。あれが朝鮮で成功したので、日本に持ってくるんです。一九四〇年、紀元二六〇〇年のときに色衣奨励(国民服令)というのをやるでしょ。そのときに朝鮮の男にはカーキ色の国民服、女にはもんぺです。これは朝鮮先行です。朝鮮でやってよかったということで持ってくる。

朝鮮では暴力的に行われてね。ソウルでは入口に門があるでしょ、南大門とか。そこに番兵がいて、白いのを着ていると墨をぶっかけたの。あるいは背中に丸を書いたり。そうやって、染めないと着られないようにした。そういうことまでやったんですよ。

切符を買うのに日本語を使わないと売ってくれなかったり、そういうことがいっぱいある。子どもが朝鮮語使うと「×」の木札をつけられて、

「×」が十個貯まると点数が落ちるとか。私らより少し上の世代の人たちは、みんなそういうことを記憶していましたね。私も聞いたことがあります。

外的な力によってゆがめられるもの

民族というものをすべてなくしちゃう、そういうことが植民地時代にあったと思います。

そういうものにある面どっぷり浸かって、「日本人」としてあの時代にうまく生きたやつが、戦後になってもう行くところがないんで、こうして（下を向く動作）いましたよね。それがアメリカが入ってきて、また復活する。

そういう点で朝鮮半島の歴史というもの、本当の伝統がある面で外的な力によってゆがめられる。そのゆがめられる大きな原動力というのは日帝支配の皇民化政策。これに朝鮮人が半分ぐらい浸かっていたというのが一番大きいです。その後の分断の様相の中には、そんなものが非常にありますね。戦後になって両方に国ができますね。北は徹底的に日本排除ですよ。南は日本の手先になっていたのがアメリカの手先になるかたちで残るわけね。これが朝鮮戦争において、南北でアコーディオン思想戦争をやるわけです。南北を行ったり来たりして全部戦場になるでしょ。そこで占領期間中にはそれぞれ、相手側を全部、粛正する。大殺人事件を両方でやっているわけです。これが、朴正熙、金日成の対立、戦後の対立の根本です。両方浄化しちゃうわけです。これが根本です。そういうかたちで、戦闘が行ったり来たりの中で人を殺す。これは思想を消す戦争です。

戦争に負けて第二次世界大戦の張本人だったドイツは統一したでしょ、それはその東西ドイツがアコーディオン戦争をしなかったから。私はそう思いますよ。

アメリカという国

第二次世界大戦があと一〇日長く続いたら朝鮮半島の分断はなかったし、逆に日本が北海道で分断されていたと思いますね。まだアメリカ軍は沖縄にいたんです。ソビエト軍は樺太、千島列島まで来ていたし、三八度線まで来ていたんです。あと一〇日長かったらそうなったと思います。それをやめさせたのは、アメリカが原爆を続けて二つ落としたことです。ソ連が参戦することを見込んでね。アメリカが原爆を落としたのはそういう背景があると思います。日本の植民地の解放の問題に米ソの関係が出てきているわけですよね。一日も早く日本を降伏させなきゃいけない。続けて二つ落としたのにはそういう意味がある。

帝国主義というのはそういうものでね。アメリカという国はとんでもない。世界史の中であれほどいやな国はないです。成立のときからそうでしょ。あの国がどうしてああいうかたちになったか。アメリカの歴史、二〇〇年か三〇〇年しかないでしょ、その歴史をざっと見たらわかります。

黒人はいったいどうだったのか。品物ですよね。先住民は撲滅です。西部劇はみんなそうでしょ。先住民との戦争です。その下には黒人。アメリカの開拓には全部黒人が使われている。イギリスやフランスみたいに外に出て行かなかったのは、国内にそういう人たちがいっぱいいたから出て行かなくてよかったわけです。歴史を見るうえで、アメリカの歴史ほど汚い歴史はない。ちょっとものを考える人は、アメリカさんと言っていないでそれを考えたらいい。アメリカがどういう国だったのか、尊敬できる国かどうか、よく考えてみなさいということです。

朝鮮史研究の現状

今の朝鮮史研究会はだめです。南北の問題や朝鮮民族の問題をあまり考えない。昔の、日本の地方史をやっているような感じ。どこどこの婚礼の仕方がどうかとかそんな話です。何をやっているのかと思います。朝鮮の現在の状況、分断、統一の流れ、それを抜いて細かい重箱の隅をほじくるようなことをやってどうするのかと、私はそう思います。そして今、若い人がそういう方向に動いていることについてちゃんと何か言う人がいない。あれは梶村批判を起こした頃からおかしくなってきました。私はそうなってからいっさい出ない。

この前姜萬吉先生(*65)が言ったように、朝鮮の今の問題は分断でしょう。分断の歴史を統一に持っていくにはどうしたらいいのか、大きな

*65 姜萬吉先生
カン・マンギル(一九三三〜)
韓国馬山市生まれの歴史学

流れの中で（歴史研究を）やるべきであるのに、そういうことはいっさい関係ない。だからそういう意味で思想がない。僕は思想がない歴史意識なんてないと思うんです。

在日の学者では、私の知る限り在日の問題、在日史、在日が統一にいかに寄与するかという問題を抱えている若い人たちがかなりいますよ。日本人の研究者とはそういう意味で歴史問題意識がちょっと違うと思います。彼らが今の朝鮮史研究会で何かやっているかどうかは知りません。もうおそらくあの雰囲気の中では、在日の研究者は居心地良くないと思いますよ。そこには韓国から来た人もいるようです。ただ韓国から来た人にも植民地近代化論をいうニューライトが出てきましたね。

ニューライトと文政権

今の韓国には、日本と違って大日本帝国二六〇〇年の歴史がありません。日本にはそれがある。天皇がそこに座っている。今の韓国に難しい点があるとしても李承晩と朴正熙のときは良かったというのが残っているくらい。それはみんな親日派の影響です。親日派が親米派に変わって、

者、高麗大学校名誉教授。雑誌「民族21」発行・編集人。二〇〇〇年、朝鮮半島南北首脳会談に金大中大統領随行員として訪朝。二〇〇三年、親日反民族行為真相糾明委員会委員長に就任。和訳されている著書としては『分断時代の歴史認識』（宮嶋博史訳、学生社）、『韓国民族運動史論』（水野直樹訳、御茶の水書房）、『朝鮮民族解放運動の歴史』（太田修訳、法政大学出版局）など。

両方います。だぶってもいる。そういう連中が政権を握っていましたから、その勢いがまだありますけど、韓国のろうそくデモのような底辺の広がりを見ると、もうあそこには戻らないと思います。

だから戻さないためにも早く南北の交流ですね。統一はしばらく経ってからでもいいんですよ。交流をしてお互い敵対関係をなくすこと、これが一番。この前の姜萬吉先生のお話の中で一番印象的だったことは、彼が北(朝鮮民主主義人民共和国)へよく行っていろんな人と協議して、国の名前が高麗共和国とまで決まっていたと話されたことです。これはよくわかりますね。そして高麗の綴りをKではなくてCにしたこと、これも決まっていると。そういう話が出てくるということ自体ね、今の交流がうまくいっているということです。

とにかく鉄道がつながり南北に人が往来してお互いの資源を交換しあう、お互いの体験を交流しあうようになればいいですね。

こうなると一番困るのは日本です。もう七〇年、敵視していたのを方向転換しなければならない。日本は朝鮮半島の分断を国策としていましたからね。これは本当にけしからんことです。フランスはベトナムで南北の戦争のときにパリにちゃんと南北が協議して会見しろと席を設けたんですよ。アメリカが介入してああなっちゃいましたけどね。日本はどうですか。七〇年間、あの国の存在すら認めない。「北鮮」と言って。国として全然考えていない。

こういう国は世界でも珍しい。それは日本人が日朝の歴史、植民地、侵略の歴史をちゃんと見ていない、知らないからです。日清、日露戦争と言うが裏に何があったのか。甲午農民戦争、義兵戦争、朝鮮人虐殺の歴史があった。あの農民たちを誰が殺したのか。三・一運動、どういう虐殺があったのか、間島出兵、これも大虐殺。この後関東大震災があった。それでちょっと変えたのが何かというと皇民化政策。民族主義があるから朝鮮は反抗する、不逞になる。だから朝鮮人から民族性をなくせと。私なんかその末端の被害者です。

今度第四巻（『呂運亨評伝４』）には皇民化政策の実態がよく出てきます。そこでなぜ呂運亨は皇民化されなかったのかを書いています。みんな雪崩を打って皇民になっていくんです。彼は腹を立てて、刑務所に二回も入るしね。ですから日本の明治一五〇年の裏面に何があるかということをやはり知らないとだめだということですね。それが歴史の実態だということです。

やっぱり民族を取り戻すということ。これは思想じゃないんですよ。南北に分かれているのは右と左で、これは思想です。その裏には共通の民族体験がある。これを回復するということ、これが一番大事です。右と左に分かれるのは、地主と奴隷、金持ちと貧乏人という関係があるんです。どの民族だってその関係性があることは否定しない。それを持っていてもいいからとにかく民族を取り戻す、それが大事だと思います。そういう意味で民族主義政権はしばらく続くでしょう。その後で、その中で、社会党があったり共産党があったり自民党があったりということになっていくと思いますよ。

朝鮮人大虐殺と戒厳令

私は虐殺八〇年を迎えた二〇〇三年、「虐殺八〇年を迎え改めて考える」と題して朝鮮史研究会に報告しました。そのとき、流言がどこから出てきたのかについて改めて官憲説を述べました。それに対し大きな異論もありませんでした。しかし私自身は少し違和感が残ったのです。

そこでたどり着いたのが戒厳令でした。戒厳令は内乱または戦争時に発令される。なぜ震災という自然災害に発せられたのか。そして内乱を起こしたのは誰なのか。

当時、内務大臣の水野錬太郎は言っています。「敵は朝鮮人」と。その発令の時期は、公式には九月二日午後六時となっています。しかし私はもっと早いのではないかと考えました。

内務大臣水野錬太郎や警保局長後藤文夫、そして警視総監赤池濃らの手記を見て、一日夜半、内務大臣官舎の中庭で臨時震災救護事務所官制及び非常徴発令と戒厳に関する勅令が起草され、翌二日午前（おそらく八時ごろ）に閣議決定、午前中に摂政の裁可を得て公布されたと見るのが正しいと思います。では、戒厳令が布告された時間はいつなのでしょうか。

内務省警保局長の名で全国の長官宛に発した電文があります。

「震災を利用し、朝鮮人は各地に放火し、不逞の目的を遂行せんとし、現に東京市内に於て爆弾を所持し、石油を注ぎ放火するものあり」と極めて具体的に「反乱」の事実を認定した電文を起草したときはいつなのかの疑問に対し「既に東京府下には一部戒厳令を施行した」と「既に」と過去形が使用されているのは何を意味するのか。この電文を船橋送信所に伝達した伝令使砲兵軍曹角田健次郎以下六名の兵士、船橋送信所の公用使三名の行動記録の分析により、九月二日午前八時ごろにあった閣議とその後の摂政の戒厳令裁可の問題を考えると、二日の早朝で、そのとき「既に」という過去形を使用していたということです。戒厳令が施行され、反乱が起こり、敵はまさに朝鮮人であることになります。

その頃から軍隊が救護から反乱鎮圧に変わってきているのです。戒厳軍隊が実弾を持って千葉の習志野や市川の国府台から東京に出動してきて朝鮮人を虐殺します。

市川の国府台から砲兵旅団第一連隊がどのような形で出てきたか簡単に話しましょう。一日夜一〇時に小隊単位で出兵しますが、まだ戒厳令は布かれていません。このときは避難民を救護する目的で、第一、第二、第三小隊と兵隊が出てきます。第四小隊岩波隊の出動も当初は避難民救護目的だったのが途中の二日の午前九時ごろから彼らは小松川で朝鮮人殺しを始めます。これはそのとき戒厳令が発布されたということです。戒厳令は朝鮮人に対する宣戦布告です。

戒厳令で軍隊が朝鮮人殺しをやっていく。同時に警官は朝鮮人暴動を宣伝していく。それを見た民衆は、自分たちもお国のためにと在郷軍人、青年団、消防団員が中心となって自警団を組織し朝鮮人狩り、誰何《すいか》して朝鮮人と見れば殺していったのです。

戦争状態が伏流化した日本の朝鮮支配

では、なぜ朝鮮人ならば殺してもいいのかという問題です。

私は震災でなぜ戒厳令が出たのかを考えるとき、震災での虐殺事件の前提として三〇年に亘る前史、すなわち甲午農民軍との戦争、そして露日戦争後、日本の強占に反対し全土を鮮血で染めた七年に亘る義兵戦争を体験して培われた日本の朝鮮に対する「敵視」の思想形成を語らねばならないと思っています。朝鮮総督府という権力のあり方、そして三・一運動に続く「満洲」、シベリアでの独立戦争を中心に話しましょう。

一九一〇年朝鮮総督府ができます。総督は現役の陸海軍大将でないとダメなのです。どうしてか。それは甲午の戦争、義兵戦争の経験から、軍事的に対応しないと統治できないという認識に到達していたからなのです。それが憲兵政治です。軍隊が何万人にもなる義兵を「討伐」して、ようやく「差別と暴力」が支配する植民地政権を作った。別の見方をすれば、総督府は活火山の上に立っている権力だからです。

二〇〇〇万の朝鮮人の怨嗟の目に囲まれていたから針鼠のように武装しなければならないという権力。だから総督が現役の陸海軍大将であり、憲兵は三か月以下の懲役、罰金一〇〇円以下の犯罪、これに対しては片手で検事、片手で判事という権限の犯罪即決令でその場で処刑できる。こういう江戸時代以前の権限を持つ政権が出てきたということです。これはまさに軍政ということです。軍政下に朝鮮の支配、一九一一年に始まった土地調査事業から鉄道、道路など植民地のインフラ整備が強行され、一応の成果をあげたのが一九一八年、三・一の直前なのです。

一九一三年にできた朝鮮人識別法というのは怖い不逞な植民地朝鮮人が日本に来る、だから特徴をみて、識別しなければならない、識別して監視しなければならないということなのです。

ちなみにこの頃の日本のマスコミの朝鮮報道は不逞、不穏、不満の形容詞で溢れています。作家中西伊之助（*66）は「私は寡聞にして未だ朝鮮国土の秀麗、芸術の善美、民情の優雅の紹介報道した記事を見たことは殆どない。……そして爆弾、短銃、襲撃、殺傷——とあらゆる戦慄すべき文字を羅列して、いわゆる不逞鮮人——の不法行動を報道しています。それも新聞記者の事あれかしの誇張的な筆法をもって」（「婦人公論」、一九二三）と述べています。そういうことを前提に三・一運動を考えてみたいと思います。

三・一運動弾圧は徹底した武力行使でした。『現代史資料』（25、26）は三・一運動弾圧資料です。現地の日本陸軍が、三・一運動で討伐した朝鮮人と対決した毎日毎日の戦果を陸軍省に報告した資料です。その一つを見ます。三月一〇日「平南孟山ニ再ヒ天道教徒一〇〇憲兵分遣所ニ突入シ、歩兵ト協力発砲撃退ス、憲兵一即死、補助員一重傷、暴民約五〇死傷ス。」

もう少し詳細に見ると「暴徒ノ死傷ハ事務室ノ内及其ノ前ニ於テ銃弾ニ命中シ即死シタルモノ五一名ニシテ負傷後逃走シ途中ニ於テ死亡セル

*66　中西伊之助　なかにし・いのすけ（一八八七〜一九五八）

プロレタリア作家、社会運動家、政治家。少年時代から軍需工場などで働きながら学ぶ。朝鮮で新聞記者のとき、藤田組の鉱山労働者の虐待を記事に書き投獄される。一九一九年日本交通労働組合理事長として東京市電スト指導、検挙投獄される。「赭土に芽ぐむもの」で文壇へ、アジア太平洋戦争中は、堺利彦らと日本大衆党に参加、一九三六年には「労農無産協議会」に加わる。「満洲」「軍閥」など戦争の本質を批判する小説を書き、ベストセラーとなる。一九三七年「人民戦線事件」で逮捕、刑務所へ。一九四五年敗戦と同時に「反ファッショ人民戦線を結成して人民の政府を樹立する」ため「人民文化同盟」を結成、戦後最初の衆議院選挙で当選、二期務める。

者三名死者総数五四名負傷者一三名ニシテ負傷者ハ受傷後逃走セリ」とある。総計で六七名死んでいます。七六発の弾丸が使われています。一〇〇名のデモで六七名死んだというのは、兵士に百発百中、皆殺しという敵意がないとできないことです。

水原堤岩里で教会への放火で殺害された三十余名はデモもしていません。指揮官有田中尉は朝鮮人はすなわち独立を考える不逞の徒という認識です。『朝鮮独立運動の血史』を書いた朴殷植によると兵力を使用して鎮圧した死者は七、五〇九名、負傷者一五、九六一名、被囚者四六、九四八名にもなっています。平和的民衆のデモを鎮圧する権力のあり方としては異常なのです。

日本での米騒動はどうだったのでしょうか。三・一より米騒動のほうが過激なものだったと思います。このとき寺内内閣、内務大臣は水野錬太郎です。両者とも朝鮮支配に関係があります。このとき水野は戒厳令を布きませんでした。騎馬隊は出動させデモ隊を蹴散らしましたが死者はありませんでした。三・一運動後に中国で五・四運動が起こります。これも軍閥政府の後ろには外国の日・米・仏・英がいますが反権力闘争には間違いないです。中国全土で多くの学生、労働者が蜂起しましたが死者は少ないです。しかし植民地朝鮮の三・一運動は、五・四運動とも米騒動とも違う多数の死者が出ているという特徴があります。

これは日本の朝鮮支配において敵視した戦争状態が伏流化しているということを示しています。朝鮮人が日本の統治に黙って従っていれば仮の平和があります。しかし一旦自分の声を上げたら皆殺しの対応が待っているという構造です。震災が起こった四年前です。

三・一運動の結果、上海に臨時政府が成立し活発な独立運動を展開していました。三・一の翌年、中国の間島（延辺）、今の朝鮮族自治州の所、ここに日本軍が乱入しました。なぜ乱入したかというと、義兵戦争で朝鮮領内を追われた義兵たちが間島にいる朝鮮人大衆を拠り所にしてそこで義兵戦争を継続していたからです。本国内で三・一運動が起こり臨時政府ができると俄然、彼らは勇気づけられ武装闘争を再開したのです。国境襲撃事件が頻発します。いわゆる果てなきゲリラ戦争です。また、ロシア革命がウラジオストクまで波及してきて、シベリアに出兵していた日本軍が敗退に敗退を重ね海へと追い詰められてくるという状態でした。中国では五・四運動が起こって日本が二一箇条の要求を取り下げざるをえない、日英同盟も破棄（一九二二年）されるというときでした。つまり単なる民族運動ではなく国際的な反日気運と社会主義という思想を持った解放運動という局面がこの頃から見え始めるのです。そういうものと日本軍は植民地防衛のため、「満洲」シベリアの最前線で戦っていたのです。この最前線にロシア中国だけでない朝鮮がいるということです。「シベリア出兵憲兵史」という本があります。その中で日本軍に対して最も勇敢に戦ったのは朝鮮人ゲリラだったと書いています。尼港事件で日本人が皆殺しになる事件がありました。そのときに中心だったのも朝鮮人ゲリラだったのです。そういう意味で現場の日本軍部、官憲は朝鮮独立運動への警戒、敵視がより強くなる。さらに信念としての社会主義思想が加わっているという恐怖感を持ってくる。日本が朝鮮支配で一番警戒したのは、朝鮮問題が国際化するということでした。だからあらゆる手を尽くして防衛しようとする、しかし実際は逆に展開していきます。一九二〇年代、日本軍の戦略には三・一運動、間島事件、シベリア出兵、この三つの経験が新たな朝鮮人への敵対関係すなわち民族問題だけではなくて総合された思想、主義者まで含めた、要するに思想狩りを伴う、関東大震災朝鮮人虐殺になっていったのではないかと思います。日本の朝鮮憲兵隊司令部は「大正三〜九年戦役」という言葉を使っています。間島での朝鮮人への日本軍の軍事行動、日本では知られていませんが一つ例をあげます。

一九二〇年一〇月中国で発行された「震檀」という新聞があります。中国にある臨時政府系のグループが出していた新聞です。

一〇月二九日日本軍数百名ハ突如トシテ延吉県細鱗河方面ニ至リ、韓人家屋数百戸ヲ焼キ韓人ニテ銃殺セラレタル者夥シ、又翌三〇日午前八時三〇分延吉県街ヲ距ル約二里帽山東南青溝村附近韓人部落七十余戸ハ日軍ノ為ニ一炬ニ付セラレ併セテ五百余発ノ銃弾ヲ発射シ、同村ヲ包囲攻撃セリ、同村居住韓人三百余名ノ中、辛シテ遁レタルモノ僅カニ四、五名ノミ、其ノ他老若男女ハ火ニ死セスハ銃ニ傷ツキ、鶏犬タリトモ遺ル所ナク、屍体累々トシテ横リ、地ニ満チ、血ハ流レテ川ト成シ、見ル者涙下ラザルハナシ。

カナダの宣教師も同じような実見談を宣教本部に報告書を出していま

す。このとき間島で受けた朝鮮民衆の被害について中国政府が日本政府に対して損害賠償要求を出しています。中国で起きた事件だから当然中国政府が国際問題として要求したのです。それによると殺された者三、一〇三名、捕われた者二三八名、強姦七六名、家を焼かれた数二、五〇七戸、焼かれた学校三一校、焼かれた教会七棟となっています。作戦の特徴は、日本軍は独立軍と一般市民の区別がつかなかった、即ち朝鮮そのものが不逞な敵、日本の秩序に従わない異端は即処刑されたのです。

虐殺体制の人脈

戒厳司令部ができ警備部ができました。ここでいろいろな政策を出します。これらのことをやる軍人、官僚の経歴を調べてみましょう。

水野錬太郎（内務大臣）　三・一運動時　政務総監　最高指揮官
赤池濃（東京警視総監）　三・一運動時　警務総監　警察の最高峰
宇佐美勝夫（東京府知事）　朝鮮総督府内務長官
大庭二郎（関東大震災時の軍事参議官）　間島作戦の朝鮮駐屯軍司令官

石光真臣（第一師団師団長）　三・一運動時　憲兵司令官
阿部信行（戒厳司令部参謀長）　シベリア出兵軍参謀長
武田額三（野重砲第七連隊長　江東地区の朝鮮人虐殺の連隊）シベリア出兵軍高級参謀
甘粕正彦（麹町憲兵隊長特高課長兼任）　三・一運動時　朝鮮憲兵隊京幾道揚坪憲兵派出所

関東大震災時の虐殺は、偶然に起こった朝鮮民族の悲劇ではないでしょう。朝鮮民族解放闘争の国際化を背景とする侵略と抵抗が生み出した民族対決です。これが「違法」戒厳令発布の真相です。戒厳令は朝鮮人に対する皆殺し宣言と同じであるということです。

一九二三年だけを見るのではなく、その前年、そしてその前年と朝鮮支配に至る韓日の宣戦布告なき韓日戦争、甲午農民戦争、義兵戦争こういったものの連続の中、震災時の虐殺になったと考えるべきです。

『ＴＲＩＣＫトリック　「朝鮮人虐殺」をなかったことにしたい人たち』（加藤直樹著）について

この本の内容は、虐殺をしていたということの証明です。工藤夫婦の本がでたらめだ、トリックを使って書いたということ。その点ではこの本は成功している。

どういうことかというと、工藤夫婦の元本が、みすず書房の『関東大震災』なんです。その中の新聞なんです。九月一日以降、流言をそのまま報道する。そうした無制限な報道について、みすず書房の本はこういうものがあったと載せているだけで、それが事実だといっているわけではない。工藤はそれを事実だと認める。そして一〇月になって一段落したときに、政府が「あれは全部流言飛語であって事実ではない」「朝鮮人の犯罪はなかった」と言った後、修正の文章や、「朝鮮人が犠牲になった」と新聞の紙面が変わる。それについては一切言及しない。使わない。流言飛語をそのまま宣伝したことを事実として使っている。史料批判も何もない。その意味で完全に流言飛語を信じた、事実としたという過ちを犯している。

それをこの本の著者は完膚なきまでによく批判している。工藤夫婦の本がトリックだということがよくわかる。信用のならない、デタラメ本だ。学者でもない、研究者でも何でもない、ただ政治目的だけを追求した本だという点では著者の主張は正しいと思います。

そのうえで読んだ感想ですけど、デタラメだということは完膚なきまでに言っているんだけど、では事実が何かということには触れようとしない。問題は、流言が事実か否かに限定していることです。それは信じることのできないことを前提にしていく論議です。流言そのものを事実としてやっている分析です。流言というのは誰かが言ったものですよね、それが信じられて出ていく。けれども誰が放ったかということを、いっさい言っていない。これには流言を民衆が放ったのか、官憲が放ったのかということで対立した議論があります。松尾さんから私を含めて、基本的な対立というのはそこです。それについての論争、歴史学の論争が、筆者には全くない。この本ではあえて避けたのかもしれませんが。

そしてもう一つの問題は、六千名という数が「多い」ということを、筆者の加藤直樹は認めていることです。それで「数千名」という言い方をしている。けれども「数千名」という言い方は、二千名でも九千名でも数千名なんです。そういうことで「六千名はけしからん、だから否定する」というのはおかしいなということ。そして「数千名」という曖昧な数字を残している。この本の問題はこの二点です。私が読んだ感じではね。六千名も少ないという人もいますよね。

梶村は、神奈川県で推定三千人、一番ひどいと言っています。特に神奈川はあの頃、開発のラッシュでしょ。労働者がたくさんいたんです。政府はそれを全部把握できていない。

この本は工藤本への反論はできているが、日本のヘイトがやっているような「なかった」ということに対する証明にはなっていないと思います。これからそういうことについてももう少しちゃんとしたものを出さなきゃいかんなというのが、課題だという気がします。

韓国独立紀念館学術賞（二〇二〇年）受賞

姜徳相先生が、長年にわたる呂運亨研究において韓国独立紀念館の学術賞を二〇二〇年八月二七日に受賞されました。韓国独立紀念館では、独立運動史分野の学術研究を高めるため学術賞を制定しています。その二〇二〇年度の学術賞を受賞されたのです。授賞式は、コロナ感染予防のため韓日オンライン会議を通じて行われました。対象になった著書は『呂運亨評伝3　中国国民革命の友として』（新幹社、二〇一八年）、『呂運亨評伝4　日帝末期暗黒時代の灯として』（二〇一九年）です。

なお『呂運亨評伝1　朝鮮三・一独立運動』（二〇〇二年）、『呂運亨評伝2　上海臨時政府』（二〇〇五年）はすでに出版されています。

呂運亨研究のきっかけ

六〇年代終わり頃、アメリカ人の歴史研究者と出会ったことがあります。フランク・ボルドウィン、ジョージ・マッカーシー、もう一人いましたが名前は思い出せないですね。この方は日本史の研究者でした。マッカーシーは、朝鮮の義兵闘争の研究者でした。同じような研究をやっているので会うことになったのです。私たちは、『日清戦争と朝鮮』を書いた朴宗根、そして金教鉉《キムギョヒョン》、三人連れ立ってよく会いましたね。一緒に食事したり、料理屋の二階で忘年会をやったり、家にもよく来ました。

その後マッカーシーは、交通事故に遭って亡くなってしまいました。残念なことでした。

ボルドウィンは、朝鮮戦争のとき軍隊で朝鮮に行き、その後コロンビア大学で研究をしていたようです。そして研究のため韓国に資料収集のため行っていました。彼は収集した資料の一部、三・一独立運動での裁判資料を私にくれたのです。私はその資料で研究を進め、一九六九年に「三・一運動における『民族代表』と朝鮮人民」という論文を『思想』に書きました。

もう一つ資料をもらいました。それは、呂運亨が東京へ来たときの記録です。かつて金達寿が呂運亨の突然の死について「革命途上にある我が朝鮮にとってこれ以上の損失があろうか」と書いておられて、関心は持ってはいたのですが研究の対象には考えていませんでした。ところがボルドウィンからもらった資料を読み深めていくと、私にとっては興味をそそるものでした。私の呂運亨研究はここが出発点です。それからというもの資料を集め生涯の研究テーマになりました。

日本の敗戦を見込んで

呂運亨は、日本に協力するように見せかけながら日本の敗戦を見込んで、自分たちの建国準備をしようと決意していたんです。

彼は上海で捕まり、朝鮮に連れ戻されて刑務所を出て来た後、朝鮮中央日報の社長になり新聞を発行します。その新聞の方針の一つに、児童労働の問題があります。安い賃金で一八時間も働かされている労働現場を取材し記事に書きます。そしてどうしてそうなるのか裏をきちんと取り、総督府の批判をしていく記事を書きます。社長という権威を利用し、少女の労働現場をあばいていく記事を書きます。この頃呂運亨は朝鮮総督だった宇垣とはこういう問題について話ができたのです。許される範囲で弾圧を避けながら社会問題を記事にしていきます。そして三年の間に三大紙になるまで持ち上げていきました。

また、社長をやっていた三年間に三〇〇組の仲人をやります。結婚式に出て「夫婦仲良く」と言いながら、民族、独立を連想させる言葉を選び語っていくのです。列席者は朝鮮独立を想像し、感動の拍手を送るのです。立ち合いの警官は直接法律に引っかかる言葉ではないと判断したのでしょう、逮捕はされませんでした。ベルリンオリンピックの日章旗問題(＊67)で呂運亨は新聞を廃刊にし、新聞社を閉鎖します。

その後、大川周明と昵懇の関係をつくっていきます。大川周明は対米戦争反対、対中では蒋介石との間の戦争をやめさせなければいけないと考えています。大川周明は日本の右翼の巨匠です。彼については軍部も政府も一目置いています。そういう中で信頼関係を保つ。日本に来て手助けをするという形で大川周明との関係を保ち、行動の自由を確保したのです。その自由の中で同志を集め、建国同盟を組織しようと考えて行動したのです。

＊67　日章旗問題
一九三六年のベルリン・オリンピックのマラソン競技で日本代表として孫基禎が優勝、南昇竜選手が三位入賞した。『朝鮮中央日報』(八月一三日)、『東亜日報』(八月二五日)は胸の「日の丸」を黒く塗りつぶした表彰式の写真を掲載した。これによって『東亜日報』は無期停刊処分にされた。『朝鮮中央日報』は、社長の呂運亨が退陣、自主解散(一九三七年一一月五日)の道を選んだ。

呂運亨が忘れ去られたわけ

私は『呂運亨評伝1』を出版するときなぜ呂運亨なのかを書きました。書いてみたいと思ったのは、民族独立運動史への個人的関心もさることながら、なぜこれだけ独立運動を弾圧、規制する側にその動向の一つひとつに強い関心を持たれ、解放勢力に影響を与えた人物の研究がなく、その歴史的評価が低いのかということでした。私は研究に取りかかったとき、呂運亨の故郷の生家と墓を訪れました。その風景は荒れ果てたとしか言いようがありませんでした。どうして一九四七年七月凶弾に倒れた後は忘れ去られた人物となってしまったのでしょう。（編者注・二〇一一年、呂運亨紀念館が設立された）

私は、今まで語られなかった世界史の大局の中で独立運動史に焦点を当てて、忘れられていた事実を記そうとしました。ここでなぜ呂運亨が隠され、語られなかったかに突き当たりました。

それは、解放後の朝鮮が南北に分断され、韓国は親米派に転じたかつての親日派が、自国民の歩んだ歴史と真逆の政治支配者、李承晩、それに続く朴正熙軍人政権が分断国家韓国の支配者として君臨したからです。

こうした政治がらみの意図的なものであったということがわかりました。これは韓国のみにあらず、朝鮮（北）もまた同じです。朝鮮北半部は旧ソ連型の独裁国家になり、民族解放運動は金日成個人に一元化していったことで、その多様性が消滅してしまいました。このように南北の歴史から呂運亨は消えてしまったのだと考えます。

そういう意味で、呂運亨という人物は過去の人ではなく、今という時代と深く切り結ぶ人物であると私は言いたいのです。南北の朝鮮人、韓国人が呂運亨の闘いの歴史を共有してこそ「アリランもトラジもわれら唱うとき、南に北にわが祖国」（歌人・河義京《ハウィギョン》）の民族意識の心理的統一が可能なのではないでしょうか。私が言いたいことはそれに尽きます。

今回の独立紀念館の学術賞受賞が今後の韓国内の呂運亨の評価に変化をもたらすことは確かではないでしょうか。

夢陽呂運亨紀念館入口と館内の呂運亨像
（「夢陽」（モンヤン）は号、2019年2月28日、山本すみ子撮影）

第16回独立紀念館学術賞授賞式
（2020年8月27日）

式はコロナ感染予防のため、紀念館と姜徳相宅の居間をリモート映像で繋いでオンラインで行われた。

中央の向かって左は尹慶老・夢陽呂運亨紀念館館長。右は李俊植・独立紀念館館長（写真提供：独立紀念館）

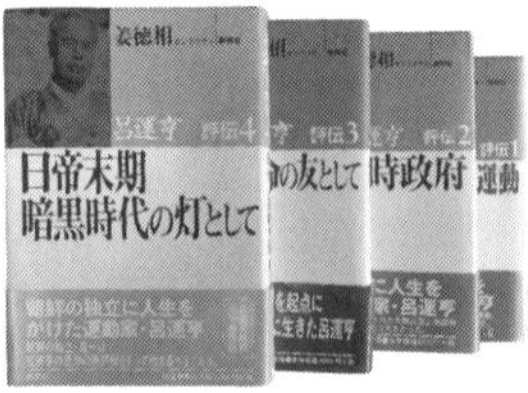

学術賞受賞の知らせをいち早く聞き、駆けつけてお祝い（2020年7月30日、一橋大学で姜ゼミの教え子の一人、李圭洙一橋大学院言語社会研究科特任教授、撮影：呉充功）

賞状と楯
（撮影：呉充功）

授賞式のライブ映像を見ながら受賞を喜ぶ家族とともに（右から次女・美玲、長女・秀玲、姜徳相、夫人の文良子、撮影：呉充功）

在日史学について

日本では植民地時代の研究というのをほとんど日本人はやりません。韓国でも、分断国家でしかも李承晩、朴正熙という軍事独裁政権下の超右翼らにとって日本に対する攻撃は彼らにとっては国害なんですね。日本とは仲良くしたい、日本の保護を受けたいのか分からないけど、日本に対する攻撃は控えよと、親日派なんです。だから当時韓国では植民地時代の研究ができませんでした。それをやったのは在日なんです。私がここで強調しておきたいのは、韓国の近代史、特に植民地支配の歴史研究が始まったのは、とにかく日本がゆりかごだということです。日本にいた何人かの在日の歴史学者や研究者がそれをやったということなんです。

例えば朴慶植の強制連行の研究だって当時韓国の学者でやろうという人は誰もいなかった。朴慶植が一人で走り廻ってやった。彼はそれを「時務の歴史である」と言いました。時の務め、歴史家にはそれが必要なんだと、それは私に言った話です。

まだあの頃は生きた証人がたくさんいるわけです。彼は学校で授業をしたり研究もしなければならないという中でその人たちを探して日本全国を走り廻っていました。彼は原稿を書くときはいつも新宿の喫茶店でやっていました。そういう中で強制連行ということが一つの学術語として定着してきて実態が出てくるわけです。その証拠に彼の集めた膨大な資料をみれば分かるでしょ。

強制連行だけでなくて、古代史の関係で言えば考古学の立場から「広開土王の碑」の李進熙。これまでの新羅、高句麗、百済、任那のそういう歴史は嘘だと、それを彼は考古学的に立証している。日本の古代史に、ある面で大きな衝撃を与えた。結果的に広開土王の碑文は彼の解釈と違って別の解釈に落ち着いたようですが、「任那日本府」「新羅、百済が日本の属国であった」ということがなくなる訳です。そういうことをやったのが李進熙です。

姜在彦は朝鮮にも近代があったという朝鮮近代史。それまで日本では朝鮮には近代が無い、平安時代だと言われていたんですね。日本が占領した頃をね。そういうことを日本の学者は当然のように言った訳ですが、そうじゃないと言ったのが姜在彦です。

それから日清戦争は日本が清国と戦って国威を広げた戦争というのが日本の考えでしょ。ところが、日清戦争は朝鮮侵略戦争だと言ったのが、甲午農民戦争、日清戦争を研究している朴宗根です。『日清戦争と朝鮮』、これは大変な名著です。彼は一冊しか本を出さなかったけれど、閔妃事件をどうとらえるかという問題です。彼はそういうことをやりました。

その末端に繋がる私が最初にやったのは日本人が手を付けなかった関東大震災ですね。そういうことでとにかく日本人が耳を塞ぎ目を瞑ってそっとさわらずにおいていたものをさらけ出し日本の国にはこういうことがあったと提起したのが在日の研究者たちです。韓国ではそういう状況ではなかった。

韓国でやれば「赤だ」と言われてやられてしまう時代でしたから、そういう意味で戦後の朝鮮半島史というものを日本との関係で築いたのが在日だということです。これを私は「在日史学」と呼んでいます。例えば閔妃事件などは大変な事件でしょ。一国の王妃を宮城に乗り込んで行って殺してしまうのだから。それを日本では一切伏せてしまう。日本での研究者は誰もいない。朴宗根が研究したでしょ。これをやったのが在日史学だと思います。

在日文学という呼称があるじゃないですか。日本人では書けないことを日本語で書く在日文学。それよりももっと在日史学のほうが日本人の盲点を突いている気がします。それが在日史学の特徴だと私は言いたいですね。関東大震災も日本であれだけ大きな騒ぎになっていて戦後になって解禁になるじゃないですか。無政府主義者の大杉を殺したことや九人か一〇人の社会主義者が殺されたことはすぐやるんですよね、戦後になると。だけど朝鮮人のことは手を付けようとしない。虐殺のことはやらない。それが問題になると「三大虐殺事件」と並列して言う。しばらくそれが続いたでしょう。そんな馬鹿な話はない。だからそれをやったのが在日だと私は思います。そういうことが私たちの時代にはある特徴としてあったということです。

父は私に解放直後「君はいい時代に生まれた」と言ってくれましたが、その後、宮田節子、梶村秀樹らとの出会いとともに、在日史学を担ってきた方々と同じ時代を生き、在日の歴史研究者として生きてこられたことは大変、幸運なことだったと思います。

あとがき

本書誕生の原点は姜徳相先生主催の「近現代韓日勉強会」（姜ゼミ、二〇一一～一六年）にあります。

この会は、一〇年前に起こった東日本大震災の日にできたのです。地震がおさまりほっとした頃、文化センター・アリランでボランティア活動をしていたメンバーに姜先生は「勉強会でもしないか」と呼びかけが始まりました。日本の植民地支配の詳しい話だけではなく映像を取り入れ私たちにわかりやすく講義してくださいました。関東大震災時の朝鮮人虐殺地を回りながらの現地学習もありました。あるときは日本の中の朝鮮が話題になり、滋賀県の琵琶湖を一周しながらフィールドワークに行くことになりました。もちろん先生がおられた滋賀県立大学の「朴慶植文庫」の見学も計画に入っていました。

その頃先生は左手が腫れて痛いと湿布を貼っておられました。このフィールドワークがあるので病院での診察を延ばしていたのです。フィールドワーク後、病院で検査を受けると思わぬ病名を告げられたそうです。

先生の病気治療中、私たちはなんとか自力で勉強会を続けていました。そして、先生のオーラルヒストリーを聞く計画を立て、刊行委員会を組織しました。まず取り組んだのは、先生が執筆された研究論文をはじめ新聞、雑誌等に書かれた文章を収集し、代表的なものを読むことから始めました。先生の話を理解するための作業です。しかし、あまりにも沢山の論文、文章が見つかり、私たちの能力を超えるものでした。

先生の長期にわたる病気との闘いは続きましたが、少し快復された頃からお話を伺い始めたのです。具体的に病気のことも伺いました。文字に起こすのも辛くなるほどの壮絶な病の闘いの記録です。ここに一部紹介します。

「以前、脊椎管狭窄症、膀胱癌にかかり、それが治ったときには病気は克服したと思い、再発するとは思わなかった。それが今度は全く別の、悪性リンパ腫のなんとか、名前（びまん性大細胞型B細胞リンパ腫）も難しい。私の治療では先生は血液だけ見る。リンパ腫なのにリンパには触ったこともない。そして抗がん剤治療が始まった。六回までは良かったけれど、次の七回、八回で記憶障害、意識障害を起こして分からなくなった。気を失って救急車で運ばれたのです。三日間、暴れるからと縛りつけられていて、目が覚めたら自由に行動できない状態でした。家族が必ず隣についている。あのときいろんな夢を見ました。

その後、あれほどの抗癌剤治療をしているから再発しないだろうと思っていた膀胱癌が再発した。まず切って、それから放射線治療をやり退院した。ところがしばらくしたら放射線治療の後遺症が出てきた。腸と尿道の壁が崩れて出血。今年（二〇一九年）になってそれがひどくなったので再入院。最初は診断間違いで、癌が前立腺まで転移しているから切るといわれて入院して切った。一〇日位入院して帰ってきたらまた出血。それでまた入院。これが三月四日から二四日まで。このときに癌の転移ではなくて、放射線治療の後遺症で膀胱の壁が落ち、血の固まりになって尿道を圧迫して尿が出なくなっていると説明された。そして緊急手術をして三週間、管をつけていました。そうして四月二一日に解放されました」

「闘病中に気がついたことは、やり残したことがたくさんあるということです。そして病気というのは、人間には寿命があることを予告するのだと気がつきました。だから死んでたまるか、快復したらやり残したことをやらなきゃいかんと思う反面、このまま逝ってしまうんではないかと思ったり、いろんな思いが錯綜して考えが非常に内向的になったりしました。

でも、やり残したことをやればいいです」

先生は、病気の合間に、『呂運亨評伝』三巻、四巻の原稿を整理し、若い研究者に手伝ってもらいながら出版されました。その研究が韓国独立紀念館の学術賞を受賞されたのです。このことは、日本の研究にとっても韓国の研究にとっても重要な研究の証になっていくことでしょう。

そして闘病生活の合間を縫って、オーラルヒストリーの聞き書きに答えてくださいました。「日本の曲がり角には朝鮮がある」「関東大震災時の朝鮮人虐殺は、偶然起こったのではない。日本国家の朝鮮に対する侵略政策の連鎖の上で起こった」など改めて知り、私たちにとっては、歴史認識のあり方について先生から多くのものを学びました。

刊行委員会ではテープの文字起こしをし、姜徳相先生の渡日から現在に至るまでのヒストリーを文章化しました。その後先生に加筆、訂正していただいたり、また折々の写真や資料の提供もしていただきまとめたものが本書です。

今振り返ると私たちにとって一番の学習会になりました。刊行委員会から各メンバーの一言を記載します。

・姜先生の在日としての苦闘の歴史を学び、日本人として真摯に受けとめ、自分自身を問い返していきたいと思います。(大上美津恵)

・故郷に向けた深い慈しみを感じさせられたのは、アボジと共に祖父の葬儀のために晋州に向かわれたときの話です。日本と違って「山がぽこんぽこんと独立していて」と飾らずに

話されました。八〇歳代後半の今も鮮やかに覚えているのは、深く深く心に残っているからでしょう。（片山美乃）

・文字起こしの作業は非常に大きな学びであり、それまでの知識が生きた姿となって現れたようでした。先生の「時務の歴史」から、私たちの歴史を問い続けていきたいと思います。（高塚恵里子）

・「在日」歴史家から直接そのライフヒストリーを聞く機会を得て、日本人である自分の視点のバイアスを客観視する感覚を身につけることを学ばせていただいたように思う。感謝の限りです。（鳥羽みさを）

・少年期に皇国史観を植え付けられ変節して歪められた自分をどう取り戻していくか、その人間の葛藤、時務の研究者として発信してこられた姜先生の言葉は強烈な印象となって残っています。（中山友子）

・「在日史学」という指摘に心が急いております。文字起こしという貴重な経験をさせていただきありがとうございました。（平野和美）

・帰国した弟の話にふれた折り、「国家も分断されたけど私たち家族も分断された」と語られた姜先生の言葉が重く響いています。人々が交流しあい、朝鮮に統一の日が来ることを願う日々です。（平野由貴子）

・姜先生のオーラルヒストリーは、日本社会を蝕み続けてきたレイシズム、歴史否定の攻撃に抗いながら、歴史の真相を明らかにしてきた闘いであったと思います。私たちに日本社会のあり様を問うものであり、生き方を問うものであると思います。深く受け止めていきたいです。(山本すみ子)

本書刊行にあたり三一書房の高秀美さんにたいへんお世話になりました。深く感謝申しあげます。

＊本文中の敬称については省略させていただきました。

二〇二一年三月一日

姜徳相聞き書き刊行委員会

年譜

＊刊行書籍

年	年譜	社会状況
1931	8.5　植民地下慶尚南道咸陽群水東面花山里に長男として生まれる（戸籍上の生年月日は1932.2.15）	9.18　「15年戦争」始まる
1932		3.1　「満州国」建国宣言 5.15　「5.15事件」
1934	12.30　母（方貴達）と共に渡日　父（姜永元）と母と港区古川町に住む	
1935	渋谷区豊分町29番地に転居、父が屑屋を始める	
1936		2.26　「2.26事件」
1937	渋谷区祥雲寺幼稚園入園	7.7　日中全面戦争始まる 12.13　「南京大虐殺・大強姦」
1938	4月　渋谷区立臨川尋常高等小学校入学	
1939		国民徴用令公布 朝鮮人労働者の募集開始（1942年以降、官斡旋開始） 創氏改名令公布（1940年実施）
1941		12.8　太平洋戦争勃発
1942	12.30　祖父葬儀のため父と共に一時帰国	
1943	父は屑屋廃業、明治運送店を開業	
1944	3月　渋谷区立臨川尋常高等小学校卒業 4月　東京都立多摩中学校入学	朝鮮人に対し徴兵制を実施 朝鮮で女子挺身勤労令公布
1945	2月　強制疎開のため渋谷区穏田に転居 5月　空襲により家財焼失、宮城県佐沼に疎開 5月　宮城県立佐沼中学校へ転校 日本敗戦　朝鮮解放	3.10　東京大空襲 8.15　日本敗戦　朝鮮植民地解放 10月　在日本朝鮮人連盟（朝連）結成 11月　朝鮮建国促進青年同盟（建青）結成 12月　衆議院議員選挙法改正、在日朝鮮人・台湾人の選挙権を停止
1946	8.15　父、解放1周年の祝いに飲んだメチルアルコールで失明 9月　母と東京にもどる 9月　東京都立青山中学校へ転校（戦後多摩中、15中が合併し青山中となる）	新朝鮮建国同盟（建同）結成 建青、建同が合流して在日本朝鮮居留民団（民団）結成（→後に「在日本大韓民国民団」と改称 朝鮮姓名復旧令

年	年譜	社会状況
1947	年末頃　母代々木駅前に飲食店を開設	5.2　外国人登録令施行 勅令により在日コリアンは「外国人」とみなされ、国籍欄には「朝鮮」と記載される 5.3　日本国憲法施行
1948	3月　青山中学校4年修了 4月　東京都立青山高等学校2年に編入学（学制改革による）	4.24　「阪神教育闘争」 法律第126号制定 大韓民国建国 朝鮮民主主義人民共和国建国
1949		4月　朝鮮人学校閉鎖命令 朝連に「団体等規正令」を適用し、強制解散（→1951年、「民戦」へ）
1950	3月　東京都立青山高等学校卒業 4月　早稲田大学第一文学部史学科入学 10月　早稲田大学学生運動（レッドパージ反対闘争）により退学処分受ける	公職選挙法 6.25　朝鮮戦争勃発（→1953年、休戦協定締結）
1951	4月　学校側より退学処分取り消される。早稲田大学第一文学部史学科再入学	在日本朝鮮統一民主戦線（民戦）結成
1952		サンフランシスコ講和条約 朝鮮人、台湾人が日本国籍を離脱、外国人としての扱いを受けるようになる
1955	3月　早稲田大学文学部史学科卒業 4月　早稲田大学大学院商学研究科経済史専修修士課程入学 月刊雑誌「倉石中国語」（編集部）入社	在日本朝鮮人総連合会（総連）結成
1957	3月　月刊雑誌「倉石中国語」退社	
1958	歴史学研究会員	朝鮮民主主義人民共和国への帰国運動始まる（1959年、日朝間で帰還協定、同年新潟から第一船出港） 小松川事件
1960	3月　早稲田大学大学院商学研究科修士課程修了 4月　明治大学大学院文学研究科史学専攻東洋史専修博士課程入学 7.11　文良子と結婚 7.13　弟（姜徳勲）一家、朝鮮民主主義人民共和国に帰国	
1961	1.27　父（姜永元）死去　享年48歳	

年	年譜	社会状況
1963	3月　明治大学大学院文学部研究科史学専攻東洋史博士課程単位取得満期退学 朝鮮史研究会幹事（1966年まで） ＊『現代史資料6　関東大震災と朝鮮人』（みすず書房）	
1965	『現代史資料』で第13回菊池寛賞共同受賞	日本国と大韓民国との間の基本契約に関する条約（日韓条約）締結
1966	＊『現代史資料25　朝鮮1　3.1運動1』（みすず書房）	日本国に居住する大韓民国国民の法的地位及び待遇に関する日本国と大韓民国との間の協定（日韓法的地位協定）発効
1967	＊『現代史資料26　朝鮮2　3.1運動2』（みすず書房）	
1968	4月　東京大学東洋文化研究所研究委託	2.2　金嬉老事件 4.17　東京都知事、朝鮮大学校を各種学校として認可
1969		宋斗会、日本国籍確認訴訟、提訴（→1980年、敗訴決定）
1970	＊『現代史資料27　朝鮮3　独立運動1』（みすず書房）	12.8　朴鐘碩、日立就職差別訴訟（→1974年、勝訴判決）
1971	4月　和光大学一般教育非常勤講師（1993年3月まで）	
1972	＊『現代史資料28　朝鮮4　独立運動2』（みすず書房） ＊『現代史資料29　朝鮮5　共産主義運動1』（みすず書房） ＊『朝鮮独立運動の血史1』（翻訳、平凡社東洋文庫） ＊『朝鮮独立運動の血史2』（翻訳、平凡社東洋文庫）	
1973	4月　明治大学文学部兼任講師（2002年3月まで）	金大中が韓国中央情報部（KCIA）により東京のホテル・グランドパレスから拉致される
1975	国立市市民連続歴史講座講師 ＊『関東大震災』（中央公論社） 12月　『関東大震災』駿台史学会選奨受賞	サハリン残留者帰還請求裁判提訴（→1989年、取り下げで終了） 10.3　崔昌華牧師、韓国姓の日本語読みを人権侵害としてNHKを提訴（1円裁判）

年	年譜	社会状況
1976	＊『現代史資料30　朝鮮6　共産主義運動2』（みすず書房）	金敬得、司法試験に合格するが司法研修所に入所できず（→1977年、最高裁決定により初の司法修習生となる）
1977	4月　信州大学人文学部外国人講師（1987年3月まで） 10月　東京大学東洋文化研究所講師（1978年3月まで） 11月『現代史資料』で毎日出版文化賞特別賞受賞	国際人権規約に日本が加入→住宅金融公庫・公営住宅・公団住宅などの国籍条項撤廃へ
1978	渋谷区区民連続歴史講座講師	
1979	4月　学習院大学東洋文化研究所客員研究員（1993年3月まで）	金鉉鈞、国民年金の支払いを求めて提訴（→1983年、東京高裁判決、社会保険庁に国民年金の支払いを命じる）
1980		9.10　韓宗硯、外国人登録更新の際に指紋押捺を拒否（東京都新宿区役所）
1981	立川市市民連続歴史講座講師 4月　法政大学大学院社会学科研究科兼任講師（1983年3月まで） 12.2　母（方貴達）死去　享年70歳	
1982	2月　国立市市民連続歴史講座講師 田無市市民連続歴史講座講師 4月　法政大学経済学部兼任講師（1984年3月まで） ＊『方貴達オモニの思い出』（私家版）	1.1　日本政府批准（1976年6月21日）の難民条約発効　特例永住制度実施 国民年金の国籍条項撤廃（但し35歳以上は切り捨て） 9.1　国公立大学外国人教員任用法施行（但し、任期制）
1983	＊『朝鮮独立運動の群像』（青木書店）	
1984	朝鮮民族運動史研究会会員 4月　津田塾大学講師（1984年9月まで） 一橋大学社会学部講師（1985年3月まで）	父系血統主義から父母両系血統主義へ国籍法が改正される 第1回ワンコリアフェスティバル開催
1985	田無市市民連続歴史講座講師 早稲田大学在日韓国・朝鮮人同窓会会長（1987年まで） 4月　法政大学第二教養学部兼任講師（1989年3月まで） 横浜国立大学経済学部講師（1986年3月まで） お茶の水女子大学文教育学部講師（1986年3月まで） 千葉大学文学部講師（1987年3月まで） 立教大学一般教育部非常勤講師（1986年3月まで）	1.1　日本改正国籍法施行

年	年譜	社会状況
1986	足立区区民連続歴史講座講師 韓国独立紀念館付属研究所研究員 3月　青丘文化賞受賞 4月　四国学院大学文学部非常勤講師（1989年3月まで） 4月　一橋大学大学院社会学研究科講師（1988年3月まで）	4.1　国民健康保険法の国籍条項撤廃
1987	4月　一橋大学経済学部講師（1988年3月まで） 4月　法政大学経済学部兼任講師（1989年3月まで） 8月　韓国独立紀念館記念大統領牌受賞 ＊『ソウル城下に漢江は流れる』（共訳、平凡社）	
1988	4月　早稲田大学社会科学研究科特別研究員（1993年3月まで） 4月　一橋大学社会学部講師（1989年3月まで） 4月　信州大学人文学部外国人講師（1989年3月まで）	9.17　ソウルオリンピック開催　159カ国　8456人の選手が参加 サハリン残留韓国人の韓国への永住帰国始まる
1989	4月　一橋大学社会学部教授 4月　大阪外国語大学講師（1996年3月まで）	褒健一入居差別裁判、提訴（→1993年、勝訴判決） 西日本興産、ウトロ地区住民に対して土地明渡請求提訴（→2000年、最高裁で住民敗訴確定）
1990		金正圭ら、参政権訴訟、提訴（→1995年、最高裁判決で敗訴となるが外国人の参政権は立法で可能となる）
1991	早稲田大学在日韓国・朝鮮人同窓会会長（1993年まで）	日韓法的地位協定に基づく協議の結果に関する覚書 李鶴来ら、BC級戦犯訴訟、提訴（→1999年、最高裁で敗訴確定） 9.18　大韓民国　朝鮮民主主義人民共和国、国連へ同時加盟 11.1　協定永住、特例永住を一本化した特別永住制度開始
1992	11月　文化センター・アリラン館長（2017年5月まで）	永住者・特別永住者に対する指紋押捺制度廃止（→1999年、指紋押捺制度全廃）

年	年譜	社会状況
1993	＊『戦後補償問題資料集　第8集』（戦後補償問題研究会）	1.8　改正外国人登録法施行 4.5　宋神道、従軍「慰安婦」東京地裁へ提訴（→2003年3月、最高裁で敗訴確定）
1994	4月　恵泉女学園大学非常勤講師（1998年3月まで） 民団民族大学講師として全国主要都市の市民講座で韓日関係史講義担当（1999年まで）	鄭香均、東京都管理職裁判提訴（→1997年、東京高裁勝訴　2005年、最高裁逆転敗訴） 4.20　民団が在日本大韓民国民団に改称
1995	3月　一橋大学定年退職 4月　滋賀県立大学人間文化学部教授	1.17　阪神・淡路大震災　131人の同胞が犠牲 2.28　最高裁「永住者等の地方参政権の付与は憲法上禁止されていない」との判断示す
1996		5.13　川崎市が都道府県・政令指定都市で初めて職員採用試験の国籍条項撤廃
1997	＊『朝鮮人学徒出陣　もう一つのわだつみのこえ』（岩波書店）	
1998	4月　大阪大学非常勤講師（1999年3月まで）	
2000		公明・自由両党、「地方参政権法案」を国会へ提出 6.15　南北共同宣言発表
2001	4月　信州大学非常勤講師（2002年3月まで）	政府与党、「国籍届出法案（仮称）を国会へ提出 石原慎太郎都知事、「三国人」発言
2002	3月　滋賀県立大学定年退職 4月　滋賀県立大学名誉教授 韓国・成均館大学東アジア研究院講師 ＊『呂運亨評伝1　朝鮮3.1独立運動』（新幹社）	在日コリアン弁護士協会設立 5.31　2002年FIFAワールドカップ（韓日共同開催） 9.17　小泉首相訪朝　朝日平壌宣言採択　日本人拉致を認める
2003	＊『関東大震災・虐殺の記憶』（青丘文化社）	
2005	11.24　在日韓人歴史資料館館長（2017年11月まで） ＊『呂運亨評伝2　上海臨時政府』（新幹社）	1.26　東京都外国籍職員の管理職昇任試験拒否訴訟で、最高裁判決原告の鄭香均敗訴 11.24　在日韓人歴史資料館開設

年	年譜	社会状況
2006		5.17　韓国民団と朝鮮総連が和解に向けた6項目合意の共同声明を発表 7.6　韓国民団、共和国のミサイル発射(7.5)を理由に総連との和解に向けた{共同声明}の白紙撤回を発表
2007	*『錦絵の中の朝鮮と中国』(岩波書店)	
2010		5.10　韓日知識人214名がソウルと東京で「韓国併合」100年韓日知識人共同声明を発表
2011		3.11　東日本大震災
2012		4.11　韓国公職選挙法改正(2009年2月)により、第19代国会議員選挙に在日韓国人を含む韓国の海外永住者が初めて参加 7.9　外国人登録法廃止 住民基本台帳制度(住民票)適用 12.19　韓国の第18代大統領選挙に在日韓国人を含む韓国の海外永住者が初めて参加
2013		10.7　京都地裁、民族学校へのヘイトスピーチを人権侵害に当たるとして在特会に賠償金(1226万円)と学校から半径200m以内での街宣活動禁止を命じる
2014		8.29　国連人種差別撤廃委員会、人種差別撤廃条約とヘイトスピーチ、ヘイトクライムについて日本政府に勧告
2015		12.28　韓日外相、慰安婦問題韓日合意発表(2016年、「和解・癒し財団」設置　2019年、解散)
2016	闘病生活	1.15　大阪市議会、全国で初めて「ヘイトスピーチの対処に関する条例」制定 5.16　高麗郡建郡1300周年(月日は旧暦) 6.3　ヘイトスピーチ対策法(本邦外出身者に対する不当な差別的言動の解消に向けた取組の推進に関する法律)施行(5月24日成立)

年	年譜	社会状況
2017	闘病生活 在日韓人歴史資料館館長交代 文化センター・アリラン館長交代	9.1　関東大震災朝鮮人犠牲者追悼式への追悼文送付を小池東京都知事が中止 9.20　天皇・皇后が初めて高麗神社（埼玉県日高市）に参拝 10.31　韓日が共同で申請した「朝鮮通信使に関する記録：17世紀から19世紀までの日本と韓国と平和構築と文化交流の歴史」が世界記録遺産（世界の記憶）に選定
2018	闘病生活 ＊『呂運亨評伝3　中国国民革命の友として』（新幹社）	2.9　平昌オリンピック（第23回冬季競技大会）開幕、アイスホッケー女子南北合同チーム「コリア」結成 4.27　南北首脳会談（文在寅大統領・金正恩国務委員会委員長）、「板門店宣言」（終戦非核化を目指す） 6.12　朝米首脳会談（金正恩国務委員会委員長・トランプ大統領　シンガポール） 10.30　日帝強制動員被害者の日本企業に対する損害賠償請求事件の韓国大法院（最高裁）判決で原告（強制徴用被害者側）が勝訴
2019	＊『呂運亨評伝4　日帝末期暗黒時代の灯として』（新幹社）	2.8　2.8独立宣言（東京）　100周年 2.27～2.28　朝米首脳会談（金正恩国務委員会委員長・トランプ大統領ベトナム） 3.1　独立運動100周年 6.30　朝米首脳会談（金正恩国務委員会委員長・トランプ大統領、板門店）現職の米国大統領で初めて共和国入境 12.16　川崎市差別のない人権尊重のまちづくり条例公布
2020	韓国独立紀念館2020年度第16回学術賞受賞 ＊『関東大震災』（新幹社）	

時務の研究者 姜徳相
――在日として日本の植民地史を考える
姜徳相聞き書き刊行委員会編

2021年4月23日　第1版第1刷発行
2022年9月1日　第1版第2刷発行
著　　者　姜徳相聞き書き刊行委員会　©2021年
発 行 者　小番 伊佐夫
装　　丁　Salt Peanuts
D T P　市川 九丸
印刷製本　中央精版印刷
発 行 所　株式会社 三一書房
〒101-0051 東京都千代田区神田神保町3-1-6
TEL: 03-6268-9714
振替: 00190-3-708251
Mail: info@31shobo.com
URL: https://31shobo.com/

ISBN978-4-380-21000-6 C0036
Printed in Japan
乱丁・落丁本はおとりかえいたします。
購入書店名を明記の上、三一書房までお送りください。